Limba modernă 2 Chineză

现代语言
2 中文
学生用书
Manual

4

U0736468

本册主编
〔罗〕Mugur Zlotea（木固烈）
周玲玲

本册编者
宋春香　钟　嫄　刘英杰

中国教育出版传媒集团
高等教育出版社·北京

图书在版编目（CIP）数据

现代语言 . 2 . 中文 . 学生用书 . 4 / （罗）白罗米，
李立总主编 . -- 北京 ： 高等教育出版社，2025. 9.
ISBN 978-7-04-064414-2

Ⅰ . H195.4

中国国家版本馆 CIP 数据核字第 20254AJ817 号

XIANDAI YUYAN 2 ZHONGWEN XUESHENG YONGSHU 4

| 策划编辑 陆姗娜 | 责任编辑 陆姗娜 | 封面设计 王 鹏 | 版式设计 张丽南 |
| 责任校对 蔡 丹 | 责任印制 赵义民 | | |

出版发行	高等教育出版社	网　　址	http://www.hep.edu.cn
社　　址	北京市西城区德外大街 4 号		http://www.hep.com.cn
邮政编码	100120	网上订购	http://www.hepmall.com.cn
印　　刷	北京盛通印刷股份有限公司		http://www.hepmall.com
开　　本	889mm×1194mm　1/16		http://www.hepmall.cn
印　　张	9.5		
字　　数	145 千字	版　　次	2025 年 9 月第 1 版
购书热线	010-58581118	印　　次	2025 年 9 月第 1 次印刷
咨询电话	400-810-0598	定　　价	98.00 元

前言

出版背景

罗马尼亚中文教育历史悠久。自 1956 年布加勒斯特大学开设中文专业，到 2005 年第一所孔子学院建立，再到 2017 年中文纳入基础国民教育体系，罗马尼亚中文教育从无到有、从快速发展向纵深发展。现阶段，研发本土教材是罗马尼亚中文教育的重要课题。

适用对象

《现代语言 2 中文》是为罗马尼亚中学中文学习者编写、供基础教育阶段教学使用的系列教材，共 4 册，本册为第四册。该系列教材适用于将中文作为第二外语教学的零基础高中中文课程，建议每周 2 课时，每学年使用一册。

编写特色

教材最大的特色是国别化和本土化，严格参照罗马尼亚教育部颁布的中文教学大纲编写，涵盖大纲中的语言点和中华文化知识点；同时参考中国颁布的首个面向外国中文学习者的《国际中文教育中文水平等级标准》以及罗马尼亚国家教育政策和评估中心颁布的《教材评审工作任务书》，力求符合国际中文教育的科学规律和罗马尼亚国民教育体系对外语教材的要求以及当地的语言政策。

教材根据罗马尼亚中学生的学习特点、当地学校的中文课程设置及学时安排编写，词汇、话题和情景都进行了本土化处理，与学生日常生活息息相关。同时设置了丰富的练习和活动，以期更好地激发学生学习兴趣，实现所学即有用、所学即能用、所学即会用。

中罗专家合编、出版社深度参与是本套教材的另一个特色。本套教材由罗马尼亚布加勒斯特大学外国语言与文学学院东方语言与文学系白罗米（Luminiţa Bălan）和中国政法大学李立两位教授担任总主编，参编团队成员既有罗马尼亚布加勒斯特大学中文专业的汉学专家木固烈（Mugur Zlotea）和中学本土教师安娜（Ana-Maria Dimulescu），也包括拥有丰富当地教学经验的 4 位中国外派教师：曹瑞红、王茗仲玥、徐茹钰、周玲玲，还包括中国政法大学国际教育学院教师。此外，中国高等教育出版社的专家和编辑们以极高的专业水平、精益求精的工作态度保障了教材的质量。

教材体例

　　针对罗马尼亚当地学校的中文课程设置及学时安排，本系列教材包括学生用书和配套练习册，教师手册、录音、翻译及参考答案等可通过扫描本书封底的二维码获取。每册教材根据话题设 6 个单元，每单元 2 课，共 12 个正课，外加 2 个复习课，全书共 14 课。

　　每单元设计了单元自评，通过"我会认""我会说""我会写""我知道"四个环节供学生对本单元词汇、句型、汉字和文化知识进行自测。复习课的课文以篇章的形式复现了所学内容的主题表达、词语与语言点，练习题涉及听、说、读、写多个方面。

　　每课参考学时为2—3学时。正课以交际场景为中心，设置了热身、课文、词语、语言应用、活动与练习、趣味小韵文、写一写、你知道吗八个板块。主要涵盖以下几方面内容：

　　（一）导入：热身部分可用于课堂导入，其编写理念是"以旧带新"，为学生本课的学习做准备。教师可根据学生情况，灵活补充或拓展相关主题下的词汇。

　　（二）课文：旨在培养学生交际、阅读能力。课文的词汇和情景都与学生日常生活密切相关。教师可以对部分词语进行挖空处理，鼓励学生模仿课文结构，产出类似主题的对话，激发其学习乐趣。

　　（三）语法：考虑到中罗语言的差异，根据由易到难的习得顺序，对语言点进行了筛选及解释。

　　（四）活动与练习：提供了听与读、输入与输出相结合的练习材料。在课文生词之外，根据教学需求还提供了与本课话题相关的"补充词语"，在目录、单元自评和附录中以"*"标记，补充词语在后文出现时作为复现词语处理。

　　（五）文化：用罗马尼亚语介绍简单、有趣的中国文化知识，且尽量选取与本课内容相关的文化点，以加强学生对语言文化的理解，初步培养其跨文化交流意识。

致谢

　　本教材的编写和出版，离不开中外语言交流合作中心、中国高等教育出版社、罗马尼亚布加勒斯特大学外国语言与文学学院东方语言与文学系中文专业、中国政法大学、布加勒斯特大学孔子学院的大力支持。北京外国语大学的董希骁教授审读了本教材的罗马尼亚语翻译，并提出了宝贵意见。对此，我们表示特别的感谢！

　　最后，我们衷心希望使用本系列教材的教师和同学们给我们提出宝贵的意见和建议，帮助我们不断改进、完善。

白罗米（Luminiţa Bălan）李立

2025 年 3 月

Prefață

Contextul publicării manualului

Predarea limbii chineze în România are o istorie îndelungată. Din anul 1956, când a fost înființată catedra de limba chineză a Universității din București, până în anul 2005, când a fost înființat primul Institut Confucius și apoi până în anul 2017, când limba chineză a fost introdusă în programa națională de învățământ, predarea limbii chineze a cunoscut o dezvoltarea rapidă, dar și profundă totodată. În etapa actuală, elaborarea manualelor locale de limba chineză reprezintă un proiect extrem de important pentru predarea limbii chineze din România.

Cui se adresează manualele

Seria *Limba modernă 2 – Limba chineză* cuprinde patru volume destinate elevilor români de liceu, care studiază limba chineză ca limba a doua, cu începere de la nivelul 0. Se recomandă folosirea fiecărui volum pentru câte un an de studiu, cu două ore pe săptămână.

Caracteristicile elaborării manualului

Caracteristica principală a acestor manuale este adaptarea locală, ceea ce a determinat o integrare a aspectelor de limbă și cultură chineză în conformitate cu *Programa școlară de predare a limbii chineze*, emisă de Ministerul Educației din România. În același timp, au fost consultate *Standardele internaționale de competență lingvistică pentru învățarea limbii chineze*, primul document emis în China, adresat celor care studiază limba chineză, precum și *Caietul de sarcini*, emis de Centrul Național de Politici și Evaluare în Educație din cadrul Ministerului Educației din România. Scopul acestui demers este acela de a se respecta principiile științifice ale predării limbii chineze în străinătate, precum și cerințele privind materialele didactice pentru limbile străine din sistemul național de învățământ și politica lingvistică din România.

Manualele sunt elaborate în concordanță cu deprinderile de învățare ale elevilor români, cu proiecția orelor de limba chineză și timpul alocat și, de aceea, vocabularul, temele și contextul au fost alese conform specificului local, având legătură cu viața cotidiană a elevilor. În același timp, au fost concepute exerciții și activități cu un conținut bogat, care să stimuleze interesul elevilor și să îi determine să aplice cunoștințele dobândite.

Colaborarea dintre specialiștii chinezi și cei români, precum și implicarea profundă a editurii reprezintă o altă caracteristică a acestei serii de manuale. Coordonatori sunt prof. Luminița Bălan, de la secția de limba chineză a Facultății de Limbi și Literaturi Străine din cadrul Universității din București, precum și prof. Li Li, de la Universitatea de Studii Politice și Drept, din China. Din echipa de autori fac parte conferențiar dr. Mugur Zlotea și profesoara Ana-Maria Dimulescu, la care se adaugă 4 profesori cu experiență în predarea limbii chineze în România: Cao Ruihong, Wang Mingzhongyue, Xu Ruyu, Zhou Lingling, și profesori de la Facultatea de Pedagogie, din cadrul Universității de Științe Politice și Drept, din China. Profesionalismul specialiștilor și redactorilor de la Editura pentru Învățământ Superior din China reprezintă o garanție a nivelului științific ridicat.

Organizarea manualelor

În conformitate cu organizarea orelor de limba chineză și timpul alocat, în școlile locale, pentru fiecare an este disponibil câte un manual, însoțit de caietul de exerciții, manualul profesorului, suportul audio, traducerile și răspunsurile la exerciții, care pot fi obținute prin scanarea codului QR aflat pe spatele manualului. Fiecare manual cuprinde 6 unități tematice, fiecare dintre acestea având câte două lecții. În total sunt 12 lecții, la care se adaugă două lecții recapitulative.

Fiecare unitate cuprinde *Exerciții de auto-evaluare*, cu secțiuni precum *Recunosc următoarele, Știu să spun, Știu să scriu* și *Cunosc*, care le permit elevilor să verifice cunoașterea vocabularului, structurilor, caracterelor și cunoștințelor de cultură din respectiva unitate. În cadrul lecțiilor de recapitulare, sunt revizuite, pe secțiuni, expresiile, vocabularul și gramatica, în legătură cu tema studiată.

Fiecare lecție este concepută pentru a fi studiată în 2 sau 3 ore. Lecțiile sunt centrate pe comunicare și cuprind opt secțiuni, precum *Exercițiu introductiv, Text, Cuvinte, Gramatică, Activități și exerciții, Să exersăm rimele, Exercițiu de scriere, Știați că...*

1. Introducere: Partea de exerciții introductive poate fi folosită în clasă, la începutul lecției, principiul după care a fost concepută fiind pregătirea lecției noi prin utilizarea elementelor deja învățate, ca introducere a elementelor noi. În funcție de situația concretă a clasei, profesorul poate alege să facă o serie de completări sau să extindă vocabularul legat de tema în discuție.

2. Text: se urmărește dezvoltarea capacității de comunicare și lectură a elevilor. Vocabularul și contextul situațional au legătură cu viața cotidiană a acestora. Profesorul poate decide exersarea suplimentară a unor cuvinte, pentru a-i încuraja pe elevi să construiască propoziții pe modelul

structurilor din text şi dialoguri similare, sporindu-le interesul pentru studiu.

3. Gramatică: problemele de gramatică au fost selectate şi prezentate, luându-se în considerare diferenţele dintre limba română şi limba chineză, cu o dispunere adecvată a gradului de dificultate.

4. Activităţi şi exerciţii: au fost elaborate exerciţii care vizează audiţia şi citirea, care se bazează pe acumulare de cunoştinţe şi folosire adecvată. Pe lângă vocabularul lecţiei, au fost adăugate şi cuvinte suplimentare, în funcţie de cerinţele didactice şi de tema lecţiei studiate. Aceste cuvinte sunt marcate cu simbolul * în Cuprins, Auto-evaluare şi Anexe, astfel încât pot fi identificate cu uşurinţă.

5. Cultură: sunt prezentate pe scurt, în limba română, diverse informaţii interesante despre cultura chineză. În alegerea temelor s-a avut în vedere apropierea de conţinutul lecţiilor, în aşa fel încât să se ofere elevilor posibilitatea de a înţelege mai bine aspectele de limbă şi cultură şi, totodată, să se cultive capacitatea lor de abordare interculturală.

Mulţumiri

Dorim să adresăm mulţumiri în mod deosebit Centrului Chinez pentru Cooperare Lingvistică cu Străinătatea, Editurii pentru Învăţământ Superior din China, secţiei de limba chineză a Facultăţii de Limbi şi Literaturi Străine şi Institutului Confucius din cadrul Universităţii din Bucureşti. Elaborarea şi publicarea acestui set de manuale nu ar fi fost posibile fără susţinerea masivă a acestora. Profesorul Dong Xixiao, de la Universitatea de Studii Străine din Beijing, a revizuit traducerea în limba română, din manuale, şi a formulat sugestii preţioase.

În final, ne exprimăm speranţa ca elevii şi profesorii care vor folosi acest set de manuale să ne transmită opiniile lor, ajutându-ne astfel să le îmbunătăţim continuu.

Luminiţa Bălan, Li Li
martie 2025

人物介绍
Prezentarea personajelor

● 故事背景 Context

　　埃列娜一家是罗马尼亚人，家里有七口人（爷爷、奶奶、爸爸、妈妈、姐姐、哥哥、埃列娜）。因埃列娜妈妈工作调动，除了爷爷、奶奶、姐姐之外的一家四口来到中国北京生活、工作和学习。为期一年。

　　Elena face parte dintr-o familie de români, cu şapte membri (bunicul, bunica, tata, mama, sora mai mare, fratele mai mare şi Elena). Pentru că mama s-a transferat cu munca, întreaga familie, mai puţin bunicul, bunica şi sora Elenei, au venit ca să locuiască, să lucreze şi să studieze un an în China, la Beijing.

● 人物关系 Relaţiile dintre personaje

埃列娜 Elena

罗马尼亚布加勒斯特女孩儿，17 岁，生日是 3 月 23 日。她家有七口人，除了爸爸、妈妈、哥哥、姐姐，还有爷爷和奶奶。埃列娜随妈妈工作调动来到了中国。她现在在北京中学读书。

Este din Bucureşti, România, are 17 ani, iar ziua ei de naştere este pe 23 martie. Familia ei are şapte membri. În afară de tata, mama, fratele mai mare şi sora mai mare, mai sunt bunicul şi bunica. Elena a venit în China alături de mama sa care a fost transferată cu serviciul. Acum, ea învaţă la Şcoala Gimnazială Beijing.

埃列娜爸爸 Tatăl Elenei

职业是护士，会说汉语。随埃列娜妈妈一起来中国，现在在家里照顾埃列娜和妈妈的生活。

Tatăl Elenei este asistent medical şi vorbeşte chineza. A venit în China împreună cu mama Elenei şi acum stă acasă şi are grijă de Elena şi de mama ei.

埃列娜妈妈 Mama Elenei

职业是公司经理。公司派她来北京工作一年。

Mama Elenei este manager într-o companie care a trimis-o la Beijing pentru un an.

埃列娜哥哥 Fratele mai mare al Elenei

现在是北京大学的一名留学生，住在学校的留学生公寓。

Fratele Elenei este student străin la Universitatea Beijing și locuiește în căminul studenților străini.

李小北 Li Xiaobei

北京女孩儿，和埃列娜同岁，埃列娜在北京中学的同学，喜欢爬山、旅行。

Este o fată din Beijing, de aceeași vârstă cu Elena, colega ei de clasă la Școala Gimnazială Beijing; îi place să urce pe munte și să călătorească.

刘冬 Liu Dong

北京男孩儿，18 岁，埃列娜在北京中学的同学，喜欢运动。

Este un băiat din Beijing, în vârstă de 18 ani, coleg cu Elena la Școala Gimnazială Beijing; îi place sportul.

目录

词汇	语言点	主要句型	汉字	文化
来到　中学　从 国家　一下儿 钱包　不见 教学楼　教室 洗手间　帮 没什么	① 介词：从 ② 数量短语：一 　　下儿	① 我从罗马尼亚来。 ② 从 12 点到下午 1 点 　　是午饭和休息时间。	部件"人"： 从　众	中国古代 四大发明
国外　哪些 不错　最好 放假　商量 对了　外国人 指*　举*	① 疑问句中 　　的"都" ② 副词：最好	① 罗马尼亚都有哪些 　　好玩的地方？ ② 最好七月到九 　　月去。	国字框"囗"： 国　园	中国首都： 北京
这里　还　借 不好意思　说话 不大　明白 一点儿　不用 没　风　树 凉快　渴　马上 瓶	① 数量短语：一 　　点儿 ② 副词：有点儿	① 请您慢一点儿说。 ② 今天没风，有点 　　儿热。	竖心旁"忄"： 快　怕	中国的名山
大学　留学生 图书馆　站　还 过　蛋糕 面条儿　长寿面 地　认真　以后	① 副词：还 ② 结构助词：地	① 哥哥的同学还给他 　　点了面条儿。 ② 我们还一起高兴地 　　唱歌、跳舞。	宝盖头"宀"： 家　安	北京胡同
打算　博物馆 听说　第　照 照片　笑 开玩笑　想	① 动态助词：过 ② 序数词：第 + 　　数字（ + 量词）	① 我的同学小北去过 　　那里。 ② 这是他第一次和我们 　　一起去玩儿。	月字旁"月"： 月　期	中国国家 博物馆
这些　门票 阿姨　送　剧院 先生　位　这边 进去　阴　舞台 着　演员　动作 好看	① 动态助词：着 ② 连动句（表方 　　式）：动词₁+ 　　着（ + 宾语₁） 　　+ 动词₂（ + 　　宾语₂）	① 演员们穿着漂亮的 　　衣服。 ② 我们在舞台下坐着听 　　京剧。	走之底"辶"： 送　进	中国古典 乐器

词汇	语言点	主要句型	汉字	文化
看见　那边 书包　有的　题 在家　一边 介绍　文化 有用　一半	① 比较句：A 跟 B 一样（＋形容词） ② 并列复句：一边……，一边……	① 今天的作业跟考试一样难。 ② 我喜欢一边看书，一边听歌。	声旁"羊"： 样　养	中国 四大名著
路口　车　条 堵车　停　下车 忘　早 有时候　骑　坏 问题　跑步	① 祈使句：请／别…… ② 连动句（表方式）：主语＋动词（短语）$_1$＋动词（短语）$_2$	① 请在旁边停一下儿。 ② 别忘了您的书包。 ③ 你骑自行车上学最好。	声旁"乍"： 昨　作	中国 C919 飞机
晚　迟到　帮助 老人　过 助人为乐　应该 一会儿　路上 得到　记住	① 结果补语：动词＋结果补语（＋宾语）＋了 ② 时量补语：主语＋动词＋时量补语（＋的）＋宾语	① 我来晚了。 ② 你先写一会儿作业吧。	声旁"亥"： 该　孩	重阳节
块　草莓 巧克力　付　拿 身上　差　走 记得　关上　放 地上	① 量词：块 ② 固定格式：还是……吧	① 三块草莓蛋糕 ② 我还是少买一块蛋糕吧。	声旁"戋"： 钱　线	成语
上班　下班 开会　忙　加班 一些　错　页 回答　日期 后天　地点	① 不用关联词的并列复句 ② 主谓短语作宾语	① 她早上八点上班，下午五点下班。 ② 你看一下儿哪些题错了。	声旁"亡"： 忙　忘	孔子
新年　一定　包 饺子　祝　礼物 可爱　龙　因为 已经　中国通	① 能愿动词：会（表示可能） ② 连词：跟	① 我和家人会在中国过新年。 ② 这是我跟刘冬送你的新年礼物。	声旁"艮"： 跟　很	春节

Cuprins

Vocabular	Gramatică	Structuri	Caractere chinezești	Știați că
来到 中学 从 国家 一下儿 钱包 不见 教学楼 教室 洗手间 帮 没什么	① Prepoziția „从" - de la ② Structura cantitativă „一下儿" - puțin	① 我从罗马尼亚来。 ② 从 12 点到下午 1 点是午饭和休息时间。	Radicalul „人" (om): 从 众	Cele patru mari invenții ale Chinei antice
国外 哪些 不错 最好 放假 商量 对了 外国人 指* 举*	① Adverbul „都" - „toți/toate" în propoziția interogativă ② Adverbul „最好" - „cel mai bine"	① 罗马尼亚都有哪些好玩的地方？ ② 最好七月到九月去。	Radicalul „囗" (graniță): 国 园	Beijing, capitala Chinei
这里 还 借 不好意思 说话 不大 明白 一点儿 不用 没 风 树 凉快 渴 马上 瓶	① Structura cantitativă „一点儿" - puțin ② Adverbul „有点儿" - puțin, un pic cam	① 请您慢一点儿说。 ② 今天没风，有点儿热。	Radicalul „忄" (inimă verticală): 快 怕	Munți faimoși din China
大学 留学生 图书馆 站 还 过 蛋糕 面条儿 长寿面 地 认真 以后	① Adverbul „还" - încă, mai ② Particula structurală „地"	① 哥哥的同学还给他点了面条儿。 ② 我们还一起高兴地唱歌、跳舞。	Radicalul „宀" (acoperiș): 家 安	Hutong – străduțele din Beijing

Vocabular	Gramatică	Structuri	Caractere chinezești	Știați că
打算 博物馆 听说 第 照 照片 笑 开玩笑 想	① Particula aspectuală „过" ② Numeralul ordinal: 第 + numeral (+ clasificator)	① 我的同学小北去过那里。 ② 这是他第一次和我们一起去玩儿。	Radicalul „月" (lună): 月 期	Muzeul Național al Chinei
这些 门票 阿姨 送 剧院 先生 位 这边 进去 阴 舞台 着 演员 动作 好看	① Particula aspectuală „着" ② Propoziția cu verbe în serie (exprimarea modalității): Verb$_1$ + 着 + (+Obiect$_1$) + Verb$_2$ (+Obiect$_2$)	① 演员们穿着漂亮的衣服。 ② 我们在舞台下坐着听京剧。	Radicalul „辶" (călcâi): 送 进	Instrumentele muzicale tradiționale din China
看见 那边 书包 有的 题 在家 一边 介绍 文化 有用 一半	① Propoziția comparativă „A 跟 B 一样 (+ adjectiv)" ② Structura coordonativă „一边……,一边……"	① 今天的作业跟考试一样难。 ② 我喜欢一边看书,一边听歌。	Foneticul „羊": 样 养	Cele patru romane clasice chinezești
路口 车 条 堵车 停 下车 忘 早 有时候 骑 坏 问题 跑步	① Propoziția imperativă „请/别……" ② Propoziția cu verbe în serie (modalitate): Subiect + Predicat (structură verbal)$_1$ + Verb (structură verbal)$_2$	① 请在旁边停一下儿。 ② 别忘了您的书包。 ③ 你骑自行车上学最好。	Foneticul „乍": 昨 作	Avionul chinezesc C919

Vocabular	Gramatică	Structuri	Caractere chinezești	Știați că
晚　迟到　帮助 老人　过 助人为乐　应该 一会儿　路上 得到　记住	① Complementul de rezultat: Verb + Complement de rezultat (+ Obiect) + 了 ② Complementul de durată: Subiect + Predicat + Complement de durată (+ 的) + Obiect	① 我来晚了。 ② 你先写一会儿作业吧。	Foneticul „亥": 该　孩	Sărbătoarea *Chong yang*
块　草莓 巧克力　付　拿 身上　差　走 记得　关上　放 地上	① Clasificatorul „块" ② Structura „还是……吧" - mai bine/totuși....	① 三块草莓蛋糕 ② 我还是少买一块蛋糕吧。	Foneticul „戋": 钱　线	Proverbele chinezești
上班　下班 开会　忙　加班 一些　错　页 回答　日期 后天　地点	① Propoziții coordonate fără conjuncție ② Structura Subiect – Predicat cu rolul de Obiect	① 她早上八点上班，下午五点下班。 ② 你看一下儿哪些题错了。	Foneticul „亡": 忙　忘	Confucius
新年　一定　包 饺子　祝　礼物 可爱　龙　因为 已经　中国通	① Verbul modal „会" (exprimă posibilitatea) ② Conjuncția „跟" (cu, și)	① 我和家人会在中国过新年。 ② 这是我跟刘冬送你的新年礼物。	Foneticul „艮": 跟　很	Sărbătoarea Primăverii

第一单元

新学校 新朋友

Unitatea

1

Școală nouă, prieteni noi

单元自评 Exerciții de auto-evaluare

- **我会认** Recunosc următoarele ☆☆☆☆☆

来到　　中学　　从　　国家　　一下儿　　钱包

不见　　教学楼　教室　　洗手间　帮　　没什么　国外

哪些　　不错　　最好　　放假　　商量　　对了　　外国人

指*　　举*

- **我会说** Știu să spun ☆☆☆☆☆

① 我从罗马尼亚来。

② 从 12 点到下午 1 点是午饭和休息时间。

③ 罗马尼亚都有哪些好玩的地方？

④ 最好七月到九月去。

- **我会写** Știu să scriu ☆☆☆☆☆

① 部件"人"：从　众

Radicalul „人" (om): caracterele 从 și 众

② 国字框"囗"：国　园

Radicalul „囗" (graniță): caracterele 国 și 园

- **我知道** Cunosc ☆☆☆☆☆

① 中国古代四大发明

Cele patru mari invenții ale Chinei antice

② 中国首都：北京

Beijing, capitala Chinei

第 **1** 课　我从罗马尼亚来。

Lecția 1　　　Sunt din România.

学习目标 Obiectivele învățării

1. 能简单介绍自己的学校生活。Învățăm să prezentăm activitatea de la școală.
2. 学会用"从……到……"引出时间和处所。Deprindem structura „从 …… 到 ……" pentru a introduce timpul și locul.
3. 学会用"动词 + 一下儿"表示一次短暂的动作。Deprindem structura „verb + 一下儿" pentru a exprima o acțiune scurtă.
4. 了解部件"人"，能认读、书写汉字"从"和"众"。Învățăm radicalul „人" (om); citim și scriem caracterele „从" și „众".
5. 了解中国古代四大发明。Cunoaștem cele patru mari invenții ale Chinei antice.

热身 Exercițiu introductiv 🎧 01-01

给下面的词语选择对应的图片。Alegeți imaginile corespunzătoare cuvintelor de mai jos.

汉语 Hànyǔ	学校 xuéxiào	北京 Běijīng
_____	_____	_____
中学 zhōngxué	罗马尼亚 Luómǎníyà	欢迎 huānyíng
_____	_____	_____

李小北： 你 好！ 我 叫 李小北。 欢迎 来到 北京 中学！
Lǐ Xiǎoběi： Nǐ hǎo! Wǒ jiào Lǐ Xiǎoběi. Huānyíng láidào Běijīng Zhōngxué!

你 从 哪个 国家 来？
Nǐ cóng nǎ ge guójiā lái?

埃列娜： 你 好！ 我 叫 埃列娜。 我 从 罗马尼亚 来。
Āiliènà： Nǐ hǎo! Wǒ jiào Āiliènà. Wǒ cóng Luómǎníyà lái.

李小北： 你 的 汉语 真 好！
Lǐ Xiǎoběi： Nǐ de Hànyǔ zhēn hǎo!

埃列娜： 谢谢！ 小北， 我们 下午 几 点 上课？
Āiliènà： Xièxie! Xiǎoběi, wǒmen xiàwǔ jǐ diǎn shàngkè?

李小北： 我们 下午 1 点 上课， 从 12 点 到 1 点 是
Lǐ Xiǎoběi： Wǒmen xiàwǔ yī diǎn shàngkè, cóng shí'èr diǎn dào yī diǎn shì

午饭 和 休息 时间。
wǔfàn hé xiūxi shíjiān.

埃列娜： 好的。 我们 一起 吃 午饭 吧！
Āiliènà： Hǎode. Wǒmen yìqǐ chī wǔfàn ba!

李小北： 好 啊， 我们 走 吧！
Lǐ Xiǎoběi： Hǎo a, wǒmen zǒu ba!

课文 2 Text 2 🎧 01-03

埃列娜： 小北，等 一下儿，你 能 帮 我 一下儿 吗？
Āiliènà： Xiǎoběi, děng yíxiàr, nǐ néng bāng wǒ yíxiàr ma?

李小北： 怎么 了？
Lǐ Xiǎoběi： Zěnme le?

埃列娜： 我 的 钱包 不见 了。
Āiliènà： Wǒ de qiánbāo bújiàn le.

李小北： 你 想 一下儿，你 去了 哪儿？
Lǐ Xiǎoběi： Nǐ xiǎng yíxiàr, nǐ qùle nǎr?

埃列娜： 我 去了 教学楼 的 教室 和 洗手间。
Āiliènà： Wǒ qùle jiàoxuélóu de jiàoshì hé xǐshǒujiān.

李小北： 我 帮 你 一起 找 吧。
Lǐ Xiǎoběi： Wǒ bāng nǐ yìqǐ zhǎo ba.

埃列娜： 谢谢 你。
Āiliènà： Xièxie nǐ.

李小北： 没 什么，不 客气！
Lǐ Xiǎoběi： Méi shénme, bú kèqi!

词语 Cuvinte 🎧 01-04

国家
guójiā
țară

中学
zhōngxué
gimnaziu și liceu

从
cóng
de la

一下儿
yíxiàr
puțin (perioadă scurtă de timp)

来到
láidào
a veni, a sosi

钱包
qiánbāo
portofel

不见
bújiàn
nu (îl) găsesc, a dispărut

教室
jiàoshì
sală de clasă

洗手间
xǐshǒujiān
toaletă, WC

没什么
méi shénme
nu face nimic

教学楼
jiàoxuélóu
clădirea cu săli de clasă

帮
bāng
a ajuta

语言应用 Gramatică

● 介词: 从 Prepoziția „从" - de la

介词"从"表示起点，可以引出时间、处所。Prepoziția „从" (de la) indică punctul de pornire și se poate referi la timp sau la loc.

例 我从罗马尼亚来。

引出时间时，常跟"起"搭配，构成"从……起"，表示时间的起点。Atunci când se referă la timp, adeseori se combină cu „起", alcătuind structura „从 …… 起" (începând din) care arată de când începe ceva.

例 我从六岁起学习汉语。

"从"常跟"到"搭配，构成"从……到……"，可以引出一段时间或一段路程。„从" se combină adeseori cu „到", alcătuind structura „从……到……" (de la....până la), care poate face referire atât la timp cât și la spațiu.

从	A	到	B	······
从	星期一	到	星期五	工作。
从	12 点	到	下午 1 点	是休息时间。
从	北京	到	上海	坐飞机坐了两个小时。

● 数量短语：一下儿 Structura cantitativă „一下儿" - puțin

数量短语"一下儿"用在动词后面，表示一次短暂的动作，宾语常常可以省略。Structura cantitativă „一下儿" se folosește după verb și indică faptul că acțiunea este de scurtă durată. Complementul direct se poate omite.

主语 Subiect	谓语动词 Predicat verbal	一下儿	宾语 Obiect
你	等	一下儿。	
我	休息	一下儿。	
我	找	一下儿	老师。
我	去	一下儿	洗手间。

活动与练习 Activități și exerciții

1 听录音，选出正确的句子。Ascultați înregistrarea și alegeți propoziția corectă.
🎧 01-05

（1）□ 他们下午 1 点上课。　　□ 他们下午 1 点休息。

（2）□ 他们开车去动物园。　　□ 从他们家到动物园很近。

（3）□ 他正在找他的汉语书。　　□ 他找到了他的汉语书。

2 听录音，大声朗读。Ascultați înregistrarea și apoi citiți cu voce tare. 🎧 01-06

①
北京中学
来北京中学
来到北京中学
欢迎来到北京中学

②
北京
到北京
布加勒斯特到北京
从布加勒斯特到北京

③
帮
帮一下儿
帮我一下儿
你能帮我一下儿吗？

3 选词填空。Completați spațiile libere.

A 来到	B 帮	C 一下儿	D 一起	E 不见

（1）我们 _____ 去图书馆吧。

（2）你看 _____，这是什么？

（3）你是什么时候 _____ 罗马尼亚的？

（4）哥哥的手机 _____ 了。

（5）谢谢你 _____ 我找钱包。

4 说说行程。Să vorbim despre o călătorie.

汉语老师上个月从布加勒斯特去克卢日旅游了，这是她的行程计划。两人一组，用"从……到……"的形式，说一说她的行程，看看谁说的句子又多又准确。
Profesoara de chineză a plecat, luna trecută, în călătorie de la București la Cluj. Acesta este planul ei de călătorie. În grupuri de câte doi, folosiți structura „从 …… 到 ……" pentru a vorbi despre călătoria ei și vedeți cine poate spune cele mai multe propoziții corecte.

例 （1）从布加勒斯特到克卢日，老师坐飞机坐了 1 个小时。

（2）老师从 10:30 到 11:30 在书店看书。

行程

布加勒斯特 —— 克卢日	7:00 — 8:00 ✈ OB 3001 ⊙ 500 km	书店	10:30 — 11:30
		饭店	12:00 — 13:00
		商店	13:00 — 14:00
		电影院	18:00 — 20:30

5 BINGO 游戏。BINGO.

两人一组，读出方格里的句子并完成句子里的任务。每完成一个任务，在相应的方格内画一个记号，一个人画"〇"，另一个人画"×"，看谁先连成一条直线。
Formați grupuri de câte doi, citiți propozițiile din pătrate și îndepliniți sarcinile. Pentru fiecare sarcină îndeplinită, faceți un semn în pătratul corespunzător. Unul dintre voi scrie „〇", celălalt scrie „×". Vedeți cine poate reuni primul trei semne identice printr-o linie dreaptă.

去一下儿 教室后边。	说一下儿 你多大。	找一下儿 你的数学书。
读一下儿 "三"。	说一下儿 你的名字。	想一下儿 "23+46=？"
写一下儿 "好"字。	指一下儿 你的鼻子。	举一下儿 你的手。

补充词语 Cuvinte suplimentare

指	举
zhǐ	jǔ
a indica	a ridica

趣味小韵文 Să exersăm rimele 🎧 01-07

读一读，找一找每句话最后一个字的韵母是什么。Citiți și găsiți rima de la sfârșitul fiecărei propoziții.

猜汉字
Cāi Hànzì

来到 北京 上 中学， 动 手 写写 中国 字。
Láidào Běijīng shàng zhōngxué, dòng shǒu xiěxie Zhōngguó zì.

一笔 一 画 有 意思， 人 多 人 少 有 关系。
Yì bǐ yí huà yǒu yìsi, rén duō rén shǎo yǒu guānxi.

一个 人 来 天 地 "大"， 两个 人 走 是 "从" 字。
Yí ge rén lái tiān dì "dà", liǎng ge rén zǒu shì "cóng" zì.

三 人 太 多 是 大家（众），一 人 一 口 吃 东西（吞）。
Sān rén tài duō shì dàjiā （zhòng）, yì rén yì kǒu chī dōngxi （tūn）.

写一写 Exercițiu de scriere

• 部件 "人" Radicalul „人" (om)

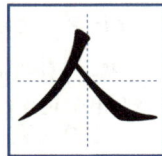

人

含有 "人" 的汉字有一部分与人或人的活动有关，例如 "从" 和 "众"。O parte dintre caracterele chinezești care conțin „人" au legătură cu oamenii sau cu activitățile lor, precum „从" (de la) și „众" (mulțime).

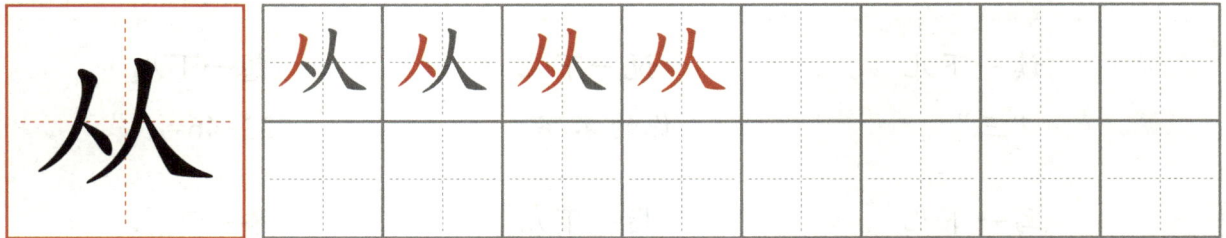

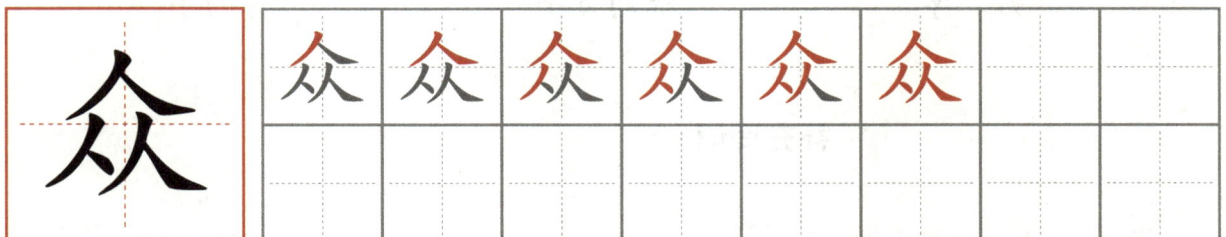

从	从	从	从	从			

众	众	众	众	众	众	众	

你知道吗？ Știați că?

中国古代四大发明
Cele patru mari invenții ale Chinei antice

　　造纸术、指南针、火药和印刷术是中国古代的四大发明。它们体现了古人的聪明智慧，对世界政治、经济、文化的发展起到了巨大的推动作用。

　　Cele patru mari invenții ale Chinei antice sunt fabricarea hârtiei, busola, praful de pușcă și tiparul. Aceste patru mari invenții dezvăluie înțelepciunea oamenilor din antichitate și au avut o contribuție uriașă la dezvoltarea politică, economică și culturală a lumii.

指南针
Zhǐnánzhēn
busola

造纸术
Zàozhǐshù
fabricarea hârtiei

火药
Huǒyào
praful de pușcă

印刷术
Yìnshuāshù
tiparul

任务
Temă

上网找一找中国的"新发明"，并和大家分享一个你印象最深的"新发明"吧！
Căutați pe internet alte invenții din China și împărtășiți-o pe cea care vă impresionează cel mai mult!

第 2 课　欢迎去罗马尼亚玩儿!

Lecția 2　　　Ești binevenit în România!

学习目标 Obiectivele învățării

1. 能简单推荐旅行的时间、地点。Învățăm să facem recomandări pentru o excursie.

2. 掌握疑问句中"都"的位置，并能用该句型进行问答。Deprindem utilizarea adverbului „都" și folosirea sa în context.

3. 学会用副词"最好"表示希望和建议。Deprindem utilizarea structurii „最好" pentru a exprima speranța și sfatul.

4. 了解形旁国字框"囗"，能认读、书写汉字"国"和"园"。Învățăm radicalul „囗" (graniță); citim și scriem caracterele „国" și „园".

5. 了解中国的首都北京。Cunoaștem capitala Chinei, Beijing.

热身 Exercițiu introductiv 🎧 02-01

你喜欢旅游吗？外国人到罗马尼亚旅游，你推荐他们去哪儿玩儿？ Vă place să călătoriți? Ce le recomandați să viziteze străinilor care călătoresc în România?

雅西
Yǎxī
Iași

布拉索夫
Bùlāsuǒfū
Brașov

锡比乌
Xībǐwū
Sibiu

锡纳亚
Xīnàyà
Sinaia

布加勒斯特
Bùjiālèsītè
București

克卢日
Kèlúrì
Cluj

李小北：我 想 去 国 外 旅游，但是 不 知道 去 哪儿。
Lǐ Xiǎoběi：Wǒ xiǎng qù guó wài lǚyóu, dànshì bù zhīdào qù nǎr.

埃列娜：去 罗马尼亚 玩儿 吧！
Āiliènà：Qù Luómǎníyà wánr ba!

李小北：罗马尼亚 都 有 哪些 好玩儿 的 地方？你 给 我
Lǐ Xiǎoběi：Luómǎníyà dōu yǒu nǎxiē hǎowánr de dìfang? Nǐ gěi wǒ

介绍 一下儿 吧！
jièshào yíxiàr ba!

埃列娜：布加勒斯特、克卢日 和 锡比乌 都 不错。
Āiliènà：Bùjiālèsītè, Kèlúrì hé Xībǐwū dōu búcuò.

李小北：好的，谢谢！我 上网 看 一下儿。
Lǐ Xiǎoběi：Hǎode, xièxie! Wǒ shàngwǎng kàn yíxiàr.

课文 2 Text 2 🎧 02-03

李小北： 我 最好 什么 时候 去 罗马尼亚？
Lǐ Xiǎoběi： Wǒ zuìhǎo shénme shíhou qù Luómǎníyà?

埃列娜： 最好 七月 到 九月 去。
Āiliènà ： Zuìhǎo Qīyuè dào Jiǔyuè qù.

李小北： 太好了！我 可以 在 放假 的 时候 去。我 要 和
Lǐ Xiǎoběi： Tài hǎo le! wǒ kěyǐ zài fàngjià de shíhou qù. Wǒ yào hé

家人 商量 一下儿。
jiārén shāngliang yíxiàr.

埃列娜： 欢迎 去 罗马尼亚 玩儿！对了，你 到了 国 外
Āiliènà ： Huānyíng qù Luómǎníyà wánr! Duìle, nǐ dàole guó wài

也 是 外国人 了！
yě shì wàiguórén le!

词语 Cuvinte 🎧 02-04

国外
guó wài
în străinătate

哪些
nǎxiē
care (dintre ei, ele)

不错
búcuò
bine, bun

外国人
wàiguórén
străin

最好
zuìhǎo
cel mai bine

放假
fàngjià
a lua vacanță

商量
shāngliang
a se sfătui

对了
duìle
așa este, corect

语言应用 Gramatică

● 疑问句中的"都" Adverbul „都" - „toți/toate" în propoziția interogativă

由疑问代词"谁""什么""哪儿""哪些"等构成的疑问句常用"都"。这时，"都"要放在谓语动词前，总括后面疑问代词所询问的内容。回答这类问题时，不能用"都"。Adverbul „都" se folosește adeseori în propozițiile interogative în care apar pronume interogative precum „谁", „什么", „哪儿", „哪些". În această situație, adverbul „都" se așează în fața predicatului și face referire la elementul asupra căruia se pune întrebarea. În răspuns nu se folosește „都".

例 ① A：你家里都有什么人？

B：我家里有爸爸、妈妈和我。

② A：暑假你都去哪儿玩儿了？

B：我去了锡比乌和克卢日。

● 副词：最好 Adverbul „最好" - „cel mai bine"

副词"最好"表示最理想的选择、最大的希望，常用于建议。Adverbul „最好" face referire la varianta cea mai bună și se folosește adeseori într-o propoziție în care se exprimă o propunere.

例 ① 你最好七月到九月去罗马尼亚旅游。

② 周末最好不要下雨，我想去动物园玩儿。

活动与练习 Activități și exerciții

1 听录音，选出正确的答案。Ascultați înregistrarea și alegeți răspunsul corect.

🎧 02-05

（1）他想去中国干什么？　　　　　□ 学习　　□ 旅游

（2）他十月要去哪里？　　　　　　□ 中国　　□ 锡比乌

（3）他家在哪儿？　　　　　　　　□ 北京　　□ 上海

2 听录音，大声朗读。Ascultați înregistrarea și apoi citiți cu voce tare. 🎧 02-06

1	**2**	**3**
什么时候？	介绍	好玩儿
什么时候去？	介绍一下儿	哪里好玩儿？
我什么时候去？	你介绍一下儿	都哪里好玩儿？
我最好什么时候去？	你给我介绍一下儿。	中国都哪里好玩儿？

3 选词填空。Completați spațiile libere.

A 外国人　　B 最好　　C 不错　　D 都　　E 国外　　F 哪些

（1）我的朋友是 _____。

（2）你 _____ 十月去北京。

（3）他哥哥在 _____ 上学。

（4）你 _____ 去了 _____ 地方？

（5）这个面包真 _____！

4 双人活动。**Doi câte doi.**

你觉得罗马尼亚什么地方好玩儿？你想和谁一起去？最好什么时候去？填写下面的表格，和你的小伙伴说一说吧！

Care crezi că este un loc distractiv din România? Cu cine vrei să mergi? Când ar fi cel mai bine să mergi? Completează următorul tabel și povestește-le și colegilor.

例

A：罗马尼亚都哪里好玩儿？

B：锡纳亚非常不错！

A：最好什么时候去？

B：九月吧！天气很好。

A：你想和谁一起去？

B：我想和妈妈一起去。

参考词语 Cuvinte ajutătoare

锡纳亚 Xīnàyà Sinaia	布加勒斯特 Bùjiālèsītè București	布拉索夫 Bùlāsuǒfū Brașov	漂亮 piàoliang frumos
公园 gōngyuán parc	夏天 xiàtiān vară	冬天 dōngtiān iarna	下雪 xià xuě a ninge

什么地方？ Unde	什么时候？ Când	和谁？ Cu cine
锡纳亚	八月	妈妈

趣味小韵文 Să exersăm rimele 🎧 02-07

读一读，找一找每句话最后一个字的韵母是什么。Citiți și găsiți rima de la sfârșitul fiecărei propoziții.

小猫 吃 面条儿
Xiǎomāo chī miàntiáor

椅子 高，桌子 高， 面条儿 到， 水果 蛋糕 放 得 高。
Yǐzi gāo, zhuōzi gāo, miàntiáor dào, shuǐguǒ dàngāo fàng de gāo.

小 白猫，觉得 高，喵喵 叫，下边 看到 吃 不 到。
Xiǎo bái māo, juéde gāo, miāomiāo jiào, xiàbian kàndào chī bu dào.

小 白猫，看 一会儿，玩儿 一会儿，还是 很 远 拿 不 到。
Xiǎo bái māo, kàn yíhuìr, wánr yíhuìr, háishi hěn yuǎn ná bu dào.

小 白猫， 上 桌子，站 得 高，不 吃 面条儿 吃 蛋糕。
Xiǎo bái māo, shàng zhuōzi, zhàn de gāo, bù chī miàntiáor chī dàngāo.

写一写 Exercițiu de scriere

口

- 国字框 Radicalul „口" (graniță)

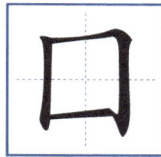

"口"像一个环绕着的形状。有"口"的汉字有一些有周围被环绕的意思，例如"国"和"园"。
Cuvântul „口" arată ca o formă înconjurătoare, ca o graniță, iar unele dintre cuvintele cu „口" par a implica ideea de „închis într-o graniță", de exemplu „国" (țară) și „园" (grădină).

国	国	国	国	国	国	国	国

园	园	园	园	园	园	园	

你知道吗？ Știați că?

中国首都：北京
Beijing, capitala Chinei

北京历史悠久，是拥有世界文化遗产数最多的城市。

Beijing are o istorie îndelungată și este orașul cu cel mai mare număr de locuri istorice incluse în patrimoniul mondial.

任务
Temă

请上网找一找，看看下面哪些是位于北京的世界文化遗产，并说一说你最想去哪里。

Vă rugăm să căutați pe internet care dintre obiectivele turistice de mai jos, aflate în patrimonial cultural universal, se află în Beijing și spuneți unde ați vrea să mergeți.

故宫
Gùgōng
Palatul Imperial

天坛
Tiāntán
Templul Cerului

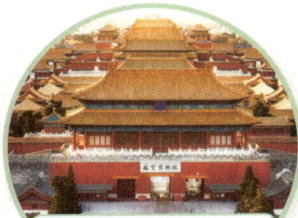

布达拉宫
Bùdálāgōng
Palatul Podala

古典　园林
gǔdiǎn yuánlín
Grădină clasică

颐和园
Yíhéyuán
Palatul de Vară

兵马俑
Bīngmǎyǒng
Armata de teracotă

长城
Chángchéng
Marele Zid

第二单元

新环境 新生活

Unitatea

2

Un mediu nou, o viață nouă

单元自评 Exerciții de auto-evaluare

- **我会认** Recunosc următoarele ☆☆☆☆☆

这里	还	借	不好意思	说话	不大
明白	一点儿	不用	没	风	树
凉快	渴	马上	瓶	大学	
留学生	图书馆	站	还	过	蛋糕
面条儿	长寿面	地	认真	以后	

- **我会说** Știu să spun ☆☆☆☆☆

① 请您慢一点儿说。

② 今天没风，有点儿热。

③ 哥哥的同学还给他点了面条儿。

④ 我们还一起高兴地唱歌、跳舞。

- **我会写** Știu să scriu ☆☆☆☆☆

① 竖心旁 "忄"：快　怕

Radicalul „忄" (inimă verticală): caracterele 快 și 怕

② 宝盖头 "宀"：家　安

Radicalul „宀" (acoperiș): caracterele 家 și 安

- **我知道** Cunosc ☆☆☆☆☆

① 中国的名山

Munți faimoși din China

② 北京胡同

Hutong – străduțele din Beijing

第 **3** 课 请您慢一点儿说。

Lecția 3   Vă rog să vorbiți mai rar.

学习目标 Obiectivele învățării

1. 能在生活中提出简单的希望和请求。Învățăm să exprimăm o speranță sau o rugăminte simplă.

2. 会用"形容词 + 一点儿"提出希望和要求。Deprindem utilizarea structurii „adjectiv + 一点儿" pentru a formula dorințe și cereri.

3. 会在不如意的语境中，用副词"有点儿"表示程度不高。Deprindem structura „有点儿" pentru a exprima un grad mic în situații mai puțin plăcute.

4. 了解形旁竖心旁"忄"，能认读、书写汉字"快"和"怕"。Învățăm radicalul „忄" (inimă verticală); citim și scriem caracterele „快" și „怕".

5. 了解一些中国的名山。Cunoaștem munți faimoși din China.

热身 Exercițiu introductiv 🎧 03-01

看图片，读词语，说一说你更喜欢哪一种。Uită-te la imagini, citește cuvintele și spune care îți place mai mult?

大
dà

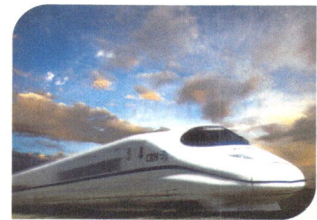

多
duō

快
kuài

小
xiǎo

少
shǎo

慢
màn

埃列娜： 您好，这里可以还书吗？
Āiliènà : Nín hǎo, zhèli kěyǐ huán shū ma?

工作 人员： 这里是借书的地方，不是还书的地方。
gōngzuò rényuán: Zhèli shì jiè shū de dìfang, bú shì huán shū de dìfang.

(bibliotecara) 还书要去楼下。
Huán shū yào qù lóu xià.

埃列娜： 不好意思，您说话有点儿快，我听不
Āiliènà : Bù hǎoyìsi, nín shuōhuà yǒudiǎnr kuài, wǒ tīng bú

大明白。请您慢一点儿说。
dà míngbai. Qǐng nín màn yìdiǎnr shuō.

工作 人员： 在楼下还书。
gōngzuò rényuán: Zài lóu xià huán shū.

埃列娜： 好的，谢谢您！
Āiliènà : Hǎode, xièxie nín!

工作 人员： 不用谢。
gōngzuò rényuán: Búyòng xiè.

课文 2 Text 2 🎧 03-03

埃列娜： 小北，慢一点儿走。今天没风，有点儿热。
Āiliènà ： Xiǎoběi, màn yìdiǎnr zǒu. Jīntiān méi fēng, yǒudiǎnr rè.

李小北： 我们 休息 一下儿 吧！那里 有 树，树 下边
Lǐ Xiǎoběi： Wǒmen xiūxi yíxiàr ba! Nàli yǒu shù, shù xiàbian

凉快。
liángkuai.

埃列娜： 好的。 你 有 水 吗? 我 渴 了。
Āiliènà ： Hǎode. Nǐ yǒu shuǐ ma? Wǒ kě le.

李小北： 没了。 马上 到 山 上 了，山 上 有 商店，
Lǐ Xiǎoběi： Méi le. Mǎshàng dào shān shang le, shān shang yǒu shāngdiàn,

我们 去 买 一点儿 水 吧。
wǒmen qù mǎi yìdiǎnr shuǐ ba.

埃列娜： 到 了 商店，我 要 喝 三 瓶 水！
Āiliènà ： Dàole shāngdiàn, wǒ yào hē sān píng shuǐ!

词语 Cuvinte 🎧 03-04

这里 zhèli aici

还 huán a returna

借 jiè a împrumuta

不好意思 bù hǎoyìsi Mă scuzaţi!

说话 shuōhuà a vorbi

不大 bú dà a nu fi mare

明白 míngbai a înţelege

一点儿 yìdiǎnr puţin (cantitativ)

不用 búyòng Nu este nevoie!

没 méi nu

风 fēng vânt

树 shù copac, pom

凉快 liángkuai răcoare

马上 mǎshàng imediat

瓶 píng sticlă

渴 kě a-i fi sete

语言应用 Gramatică

- **数量短语：一点儿 Structura cantitativă „一点儿" - puţin**

数量短语"一点儿"可以作定语，修饰名词，表示数量少而不确定。Structura cu „一点儿" se poate folosi ca atribut, în faţa unui substantiv, pentru a exprima o cantitate mică sau nedefinită.

例 ① 我买了一点儿苹果。　　② 我会说一点儿汉语。

"一点儿"也可以用在形容词后，作补语，表示程度轻。在祈使句中，常用"形容词 + 一点儿"来提出自己的希望和要求。„一点儿" se poate folosi şi în faţa unui adjectiv, cu rol de complement care exprimă un grad slab. Adeseori, în propoziţiile imperative se foloseşte structura Adjectiv + „一点儿" pentru a exprima o cerinţă sau o sugestie.

例 ③ 请您快一点儿开。　　④ 请您慢一点儿说。

- **副词：有点儿 Adverbul „有点儿" - puţin, un pic cam**

副词"有点儿"用在形容词前，表示程度不高，常用于不如意的语境。Adverbul „有点儿" se poate folosi în faţa unui adjectiv pentru a exprima faptul că este vorba de un grad scăzut, mai ales în situaţii care nu sunt pe placul vorbitorului.

例 ① 我的头有点儿疼。　② 汉字有点儿难。　③ 我有点儿渴。

活动与练习 Activități și exerciții

1 听录音，选择和听到的内容一致的句子。Ascultați înregistrarea și alegeți propoziția identică cu ceea ce auziți. 🎧 03-05

（1）☐ 她想要小一点儿的衣服。　　☐ 她想要大一点儿的衣服。

（2）☐ 他想喝水。　　　　　　　　☐ 他想吃饭。

（3）☐ 他在图书馆。　　　　　　　☐ 他在商店买书。

2 选择适当的词语填空，然后读一读。Completați spațiile cu cuvintele potrivite și apoi citiți.

A 瓶　　**B** 还　　**C** 马上　　**D** 借　　**E** 凉快

（1）不好意思，我 _____ 就去。

（2）我想要一 _____ 可乐。

（3）我要去图书馆 _____ 两本书。

（4）这里有风，很 _____。

（5）可以 _____ 一下儿你的词典吗？

3 仿例，连词成句。Uniți cu o linie pentru a obține propoziții.

我想吃　　　　　　　　　　　　　水。

这本书　　　　　一点儿　　　　　不高兴。

他喝了　　　　　　　　　　　　　面包。

他　　　　　　　　有点儿　　　　　走吧！

我们快　　　　　　　　　　　　　贵。

两人一组，根据给出的情景分别饰演不同角色，并完成对话。比一比哪一组演得更好。
Formați perechi și jucați roluri diferite în conformitate cu scenariile date, alcătuind un dialog. Care grup a fost cel mai bun?

参考词语 Cuvinte ajutătoare

还	一共	几本
书	谢谢	不客气
不用谢		

情景 1：埃列娜在图书馆还书
Situația 1: Elena restituie cartea la bibliotecă

人物：埃列娜、工作人员
Personaje: Elena, bibliotecara

参考词语 Cuvinte ajutătoare

水	有点儿	渴
马上	热	凉快

情景 2：埃列娜在商店买东西
Situația 2: Elena face cumpărături la magazin

人物：埃列娜、售货员
Personaje: Elena, vânzătorul

趣味小韵文 Să exersăm rimele 🎧 03-06

读一读，找一找每句话最后一个字的韵母是什么。Citiți și găsiți rima de la sfârșitul fiecărei propoziții.

小 雨点儿
Xiǎo yǔdiǎnr

小 雨点儿，不大点儿，想家 想 家 有 一点儿。
Xiǎo yǔdiǎnr, bú dà diǎnr, xiǎng jiā xiǎng jiā yǒu yìdiǎnr.

小 雨点儿，过来 点儿，下来 下来 快 一点儿。
Xiǎo yǔdiǎnr, guòlai diǎnr, xiàlai xiàlai kuài yìdiǎnr.

小 雨点儿，快 一点儿，大地 大地 近 一点儿。
Xiǎo yǔdiǎnr, kuài yìdiǎnr, dàdì dàdì jìn yìdiǎnr.

小 雨点儿，小不点儿，一起 一起 长大 点儿。
Xiǎo yǔdiǎnr, xiǎobudiǎnr, yìqǐ yìqǐ zhǎngdà diǎnr.

写一写 Exercițiu de scriere

● 竖心旁 Radicalul „忄" (inimă verticală)

忄

"心"在汉字的左边时写作"忄"，含有"忄"的字大多与心理活动有关，例如"快"和"怕"。
Cuvântul „心" este scris ca „忄" în partea stângă a caracterului, iar majoritatea caracterelor care conțin „忄" sunt legate de activități psihice, cum ar fi „快" (repede) și „怕" (frică).

快	快	快	快	快	快	快	快	

怕	怕	怕	怕	怕	怕	怕	怕	怕

你知道吗？ Știați că?

中国的名山

Munți faimoși din China

下面是中国的一些名山，你听说过哪些？

Iată câțiva munți faimoși din China. Despre care dintre ei ați auzit?

泰　山
Tài Shān
Muntele Tai

黄　山
Huáng Shān
Muntele Huang

庐　山
Lú Shān
Muntele Lu

峨眉山
Éméi Shān
Muntele Emei

任务 Temă

罗马尼亚有哪些名山？哪些适合人们去爬山？

Care sunt munții faimoși din România? Pe care dintre ei se poate urca?

第 **4** 课　我去北京大学找哥哥。

Lecția 4　Merg la Universitatea Beijing să mă întâlnesc cu fratele meu.

学习目标 Obiectivele învățării

1. 能简单描述交通路线和参加生日聚会的场景。Învățăm să vorbim despre traseul pe care mergem și despre participarea la o zi de naștere.

2. 学会用"形容词＋地"描写动作的状态或性质。Deprindem utilizarea structurii „adjectiv + 地" pentru a descrie o stare sau natura unei acțiuni.

3. 学会用副词"还"表示数量的增加或范围的增大。Deprindem utilizarea adverbului „还" pentru a exprima informație în plus.

4. 了解形旁宝盖头"宀"，能认读、书写汉字"家"和"安"。Învățăm radicalul „宀" (acoperiș); citim și scriem caracterele „家" și „安".

5. 了解北京的胡同。Învățăm despre hutong - străduțele din Beijing.

热身 Exercițiu introductiv 🎧 04-01

读下列词语，说一说你最喜欢哪一种出行方式，并说说为什么。Citiți următoarele cuvinte și spuneți care este modul vostru preferat de a călători? De ce?

开车
kāichē

走路
zǒulù

打车
dǎchē

骑 自行车
qí zìxíngchē

坐 地铁
zuò dìtiě

坐 公共 汽车
zuò gōnggòng qìchē

刘 冬： 你 去 哪儿？
Liú Dōng： Nǐ qù nǎr?

埃列娜： 我 去 北京大学 找 哥哥。他 是 北京大学 的
Āiliènà ： Wǒ qù Běijīng Dàxué zhǎo gēge. Tā shì Běijīng Dàxué de
留学生。
liúxuéshēng.

刘 冬： 你 哥哥 真 棒！ 你 怎么 去？
Liú Dōng： Nǐ gēge zhēn bàng! Nǐ zěnme qù?

埃列娜： 我 坐 地铁 去。
Āiliènà ： Wǒ zuò dìtiě qù.

刘 冬： 图书馆 前边 有 公共 汽车 站。你 可以 先 坐
Liú Dōng： Túshūguǎn qiánbian yǒu gōnggòng qìchē zhàn. Nǐ kěyǐ xiān zuò
公共 汽车 到 动物园，然后 坐 地铁 到 北京
gōnggòng qìchē dào dòngwùyuán, ránhòu zuò dìtiě dào Běijīng
大学。
Dàxué.

埃列娜： 好的， 谢谢！ 我 先 走了， 明天 见！
Āiliènà ： Hǎode, xièxie! Wǒ xiān zǒu le, míngtiān jiàn!

刘 冬： 明天 见！
Liú Dōng： Míngtiān jiàn!

我去北京大学找哥哥。
Merg la Universitatea Beijing să mă întâlnesc cu fratele meu.

第 4 课

课文 2 Text 2 🎧 04-03

九月 八 日　　　　　　　　　　　　　　　　　　星期三　　晴
Jiǔyuè bā rì　　　　　　　　　　　　　　　　　Xīngqīsān　qíng

今天 是 哥哥 的 生日。我 去了 北京大学 找 他。我
Jīntiān shì gēge de shēngrì. Wǒ qùle Běijīng Dàxué zhǎo tā. Wǒ

和 哥哥 的 同学 一起 给 他 过了 生日。我们 吃了
hé gēge de tóngxué yìqǐ gěi tā guòle shēngrì. Wǒmen chīle

中国菜 和 蛋糕。哥哥 的 同学 还 给 他 点了 面条儿。
Zhōngguócài hé dàngāo. Gēge de tóngxué hái gěi tā diǎnle miàntiáor.

他们 说，　中国人 过 生日 的 时候 吃 " 长寿面 "。
Tāmen shuō, Zhōngguórén guò shēngrì de shíhou chī "chángshòumiàn".

我们 还 一起 高兴 地 唱歌、跳舞 了。北京大学 真 好，
Wǒmen hái yìqǐ gāoxìng de chànggē, tiàowǔ le. Běijīng Dàxué zhēn hǎo,

我 要 认真 地 学习，以后 也 去 北京大学 上学。
wǒ yào rènzhēn de xuéxí, yǐhòu yě qù Běijīng Dàxué shàngxué.

词语 Cuvinte 🎧 04-04

大学
dàxué
universitate

留学生
liúxuéshēng
student străin,
student internațional

图书馆
túshūguǎn
bibliotecă

还
hái
încă, mai

站
zhàn
stație

过
guò
particulă modală

蛋糕
dàngāo
tort

面条儿
miàntiáor
tăieței

长寿面
chángshòumiàn
tăieței de viață
lungă (serviți de
ziua de naștere)

地
de
particulă

认真
rènzhēn
serios, harnic

以后
yǐhòu
după aceea

语言应用 Gramatică

● 副词：还 Adverbul „还" - încă, mai

副词"还"可以表示项目、数量的增加或范围的增大。Adverbul „还" exprimă cumularea, adăugarea, precum și sfera extinsă.

例 ① 这个电影很好看，我还要看一次。

② 我有一个哥哥，还有一个姐姐。

③ 哥哥买了一本汉语书，还买了一本英语书。

● 结构助词：地 Particula structurală „地"

结构助词"地"是状语的书面标志，形式可以为"形容词＋地＋动词（短语）"，用来描写动作的状态或者性质。Particula structurală „地" marchează prezența complementului circumstanțial care are forma Adjectiv + „地" + Verb (structură verbală). Acest complement este folosit pentru a descrie modul în care se desfășoară acțiunea verbală.

例 ① 他高兴地跟我说话。

② 你要认真地准备考试。

③ 我们快乐地唱歌。

我去北京大学找哥哥。 第 **4** 课

Merg la Universitatea Beijing să mă întâlnesc cu fratele meu.

活动与练习 Activități și exerciții

1 听录音，选择和听到的内容一致的句子。Ascultați înregistrarea și alegeți propoziția identică cu ceea ce auziți. 🎧 04-05

（1）☐ 今天是我的生日。　　☐ 今天是妈妈的生日。

（2）☐ 我要去图书馆。　　☐ 我要去动物园。

（3）☐ 我的朋友是北京大学的学生。　　☐ 我是北京大学的学生。

2 选择适当的词语填空，然后读一读。Completați spațiile cu cuvintele potrivite și apoi citiți.

A 以后　　**B** 图书馆　　**C** 留学生　　**D** 过　　**E** 认真

（1）李小北 _____ 要学习跳舞。

（2）他学习非常 _____。

（3）我喜欢在 _____ 看书。

（4）埃列娜的哥哥是北京大学的 _____。

（5）我今天 _____ 生日，爸爸、妈妈给我买了蛋糕。

3 看图，用"还"说句子。Faceți propoziții după imagini, folosind cuvântul „还" (încă, mai).

克卢日

布加勒斯特

（1）他要去布加勒斯特，_____。

可乐　茶　果汁

（2）我喜欢喝茶、喝果汁，_____。

星期一	星期二	星期三	星期四	星期五
语文	汉语	化学	地理	历史
数学	音乐	物理	生物	语文
生物	体育	语文	数学	音乐

（3）星期二有汉语课、音乐课，_____。

4 连词成句。Aranjați cuvintele în ordinea corectă pentru a obține o propoziție.

（1）爷爷　地　笑了　高兴

_____

（2）可以　地　你　说　慢慢

_____

（3）写作业　地　认真　她　每天

_____

5 双人活动。Doi câte doi.

明天你的朋友要从学校去你家玩儿。请给你的朋友画一张路线图，并告诉他／她怎么走，要乘坐什么交通工具。画完后和你的小伙伴说一说吧！

Mâine prietenul tău va veni de la școală la tine acasă. Desenează o hartă pentru prietenul tău și spuneți-i cum să ajungă la tine și ce mijloc de transport să ia. Vorbește cu el după ce ai desenat-o!

例　A：从学校去你家，怎么走？

　　B：先从学校走路到公共汽车站，坐公共汽车到医院，再坐地铁到动物园站。（先……，再……）

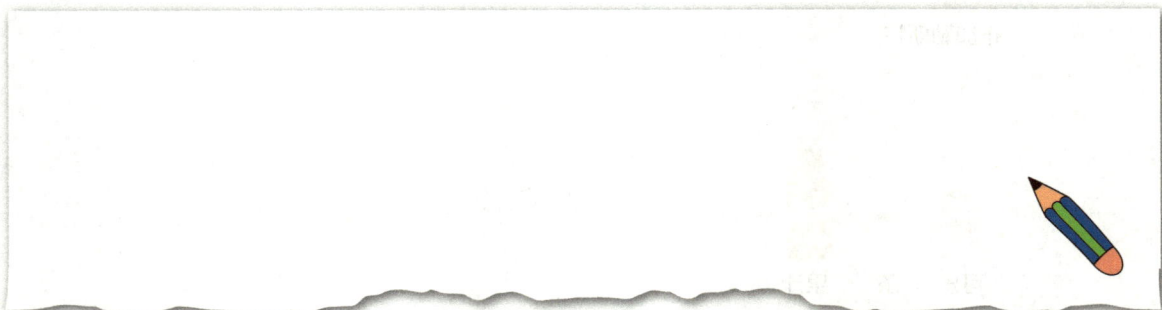

趣味小韵文 Să exersăm rimele 🎧 04-06

读一读，找一找每句话最后一个字的韵母是什么。Citiți și găsiți rima de la sfârșitul fiecărei propoziții.

中国　面
Zhōngguó miàn

中国　面食　种类　多，南方　北方　都　有　面。
Zhōngguó miànshí zhǒnglèi duō, nánfāng běifāng dōu yǒu miàn.

兰州　拉面　长　又　长，北京　炸酱　特色　面。
Lánzhōu lāmiàn cháng yòu cháng, Běijīng zhájiàng tèsè miàn.

清清淡淡　阳春面，　馒头　饺子　都　是　面。
Qīngqīngdàndàn yángchūnmiàn, mántou jiǎozi dōu shì miàn.

天下　一绝　刀削面，　寿星　最爱　长寿面。
Tiānxià yìjué dāoxiāomiàn, shòuxīng zuì ài chángshòumiàn.

写一写 Exercițiu de scriere

- 宝盖头 Radicalul „宀" (acoperiș)

宀

"宀"的古字形像房子，含有"宀"的字大多与房屋有关，例如"家"和"安"。
Caracterul pentru „宀" arata ca o casă, iar majoritatea caracterelor care conțin „宀" sunt legate de casă, cum ar fi „家" (casă, familie) și „安" (pace, liniște).

家	家	家	家	家	家	家	家	家
	家	家						

安	安	安	安	安	安	安	

你知道吗？　Știați că?

北京胡同
Hutong - străduțele din Beijing

胡同是通往居民区的狭窄街道。北京以胡同多而著名。南锣鼓巷就是北京著名的胡同之一。

Hutong-urile sunt niște străzi înguste care duc spre zonele rezidențiale. Orașul Beijing este renumit pentru numeroasele sale hutong-uri. Printre acestea, Nan Luogu Xiang este unul dintre cele mai renumite din Beijing.

胡同
Hútòng
hutong

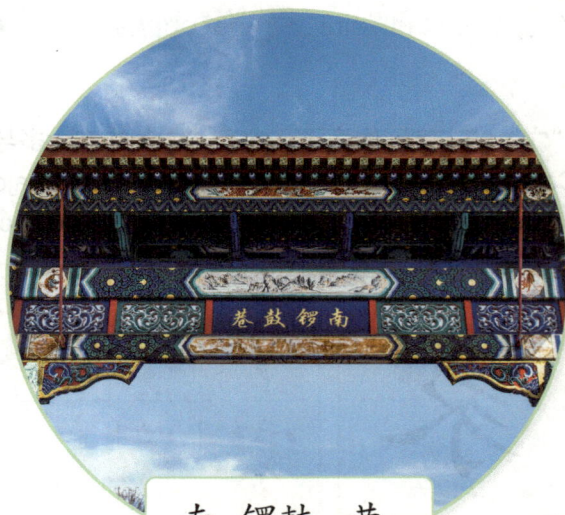

南 锣 鼓 巷
Nán Luógǔ Xiàng
Nan Luogu Xiang

任务
Temă

罗马尼亚有没有像北京胡同一样有特色的街道呢？请你介绍一下吧。
Există străzi în România care sunt la fel renumite ca hutong-urile din Beijing? Prezintă-le!

第三单元

在北京玩儿

Unitatea

3

Prin Beijing

单元自评 Exerciții de auto-evaluare

- **我会认** Recunosc următoarele ☆☆☆☆☆

打算　　博物馆　　听说　　第　　照　　照片　　笑

开玩笑　想　　这些　　门票　　阿姨　　送　　剧院　　先生　位

这边　　进去　　阴　　舞台　　着　　演员　　动作　　好看

- **我会说** Știu să spun ☆☆☆☆☆

① 我的同学小北去过那里。

② 这是他第一次和我们一起去玩儿。

③ 演员们穿着漂亮的衣服。

④ 我们在舞台下坐着听京剧。

- **我会写** Știu să scriu ☆☆☆☆☆

① 月字旁 "月"：月　期

　　Radicalul „月" (lună): caracterele 月 și 期

② 走之底 "辶"：送　进

　　Radicalul „辶" (călcâi): caracterele 送 și 进

- **我知道** Cunosc ☆☆☆☆☆

① 中国国家博物馆

　　Muzeul Național al Chinei

② 中国古典乐器

　　Instrumentele muzicale tradiționale din China

第 **5** 课　你打算去哪儿玩儿？

Lecția 5　　Unde vrei să mergi în excursie?

学习目标 Obiectivele învățării

1. 能谈论假期安排并简单叙述假期生活。Învățăm să vorbim despre planurile și activitățile din vacanță.

2. 学会用动态助词"过"表示过去有过的经历。Deprindem utilizarea particulei aspectuale „过" pentru a exprima experiența.

3. 学会用"第＋数字（＋量词）"构成的数量短语修饰名词和动词。Deprindem utilizarea prefixului „第＋număr (+ clasificator)" pentru a forma numeralul ordinal.

4. 了解形旁月字旁"月"，能认读、书写汉字"月"和"期"。Învățăm radicalul „月" (lună); citim și scriem caracterele „月" și „期".

5. 了解中国国家博物馆。Cunoaștem Muzeul Național al Chinei.

热身 Exercițiu introductiv 🎧 05-01

听录音，跟读下列词语，给词语选择对应的图片，并说一说你今天去过哪些地方。Ascultați înregistrarea, citiți următoarele cuvinte, alegeți imaginile corespunzătoare cuvintelor și spuneți în care dintre aceste locuri ați fost astăzi.

图书馆	教室	操场
túshūguǎn	jiàoshì	cāochǎng
_____	_____	_____
博物馆	公园	地铁站
bówùguǎn	gōngyuán	dìtiězhàn
_____	_____	_____

爸爸：下 个 星期 放假，你 打算 去 哪儿 玩儿？
Bàba : Xià ge xīngqī fàngjià, nǐ dǎsuàn qù nǎr wánr?

埃列娜：星期天 我 打算 和 中国 朋友 去 爬山。
Āiliènà : Xīngqītiān wǒ dǎsuàn hé Zhōngguó péngyou qù páshān.

爸爸：你们 打算 怎么 去？
Bàba : Nǐmen dǎsuàn zěnme qù?

埃列娜：我们 坐 公共 汽车 去。
Āiliènà : Wǒmen zuò gōnggòng qìchē qù.

爸爸：好的。那 星期五 我们 去 中国 国家 博物馆，
Bàba : Hǎode. Nà Xīngqīwǔ wǒmen qù Zhōngguó Guójiā Bówùguǎn,

怎么样？
zěnmeyàng?

埃列娜：好 啊！我 的 同学 小北 去过 那里，听说 很
Āiliènà : Hǎo a! wǒ de tóngxué Xiǎoběi qùguo nàli, tīngshuō hěn

有 意思！
yǒu yìsi!

爸爸：等 妈妈 和 哥哥 回来，我们 一起 商量
Bàba : Děng māma hé gēge huílai, wǒmen yìqǐ shāngliang

一下儿 吧。
yíxiàr ba.

埃列娜：太 好 了！
Āiliènà : Tài hǎo le!

课文 2 Text 2 🎧 05-03

9 月　25　日
Jiǔyuè èrshíwǔ　rì

星期一　晴
Xīngqīyī　qíng

　　上　个　星期　放假，我　和　中国　的　新　朋友们　一起
　　Shàng　ge　xīngqī fàngjià,　wǒ　hé　Zhōngguó　de　xīn péngyoumen　yìqǐ

去　爬山　了。我　和　小北　一起　去过　那里。这　是　刘冬
qù　páshān　le.　Wǒ　hé　Xiǎoběi　yìqǐ　qùguo　nàli.　Zhè　shì　Liú Dōng

第一次　和　我们　一起　去　玩儿。我们　照了　很　多　照片。
dì-yī　cì　hé　wǒmen　yìqǐ　qù　wánr.　Wǒmen　zhàole　hěn　duō　zhàopiàn.

　　照片　上，我们　都　在　笑。小北　还　开　玩笑　地　问："你
　　Zhàopiàn shang,　wǒmen　dōu　zài　xiào.　Xiǎoběi　hái　kāi　wánxiào　de　wèn:　"nǐ

喜欢　布加勒斯特　还是　北京？"我　喜欢　北京，也　喜欢
xǐhuan　Bùjiālèsītè　háishi　Běijīng?"　Wǒ　xǐhuan　Běijīng,　yě　xǐhuan

布加勒斯特。我　有点儿　想　在　罗马尼亚　的　爷爷　奶奶　了。
Bùjiālèsītè.　Wǒ　yǒudiǎnr　xiǎng zài　Luómǎníyà　de　yéye　nǎinai　le.

打算
dǎsuàn
a plănui

博物馆
bówùguǎn
muzeu

听说
tīngshuō
a auzi spunându-se

第
dì
prefix

照
zhào
a fotografia

照片
zhàopiàn
fotografie

笑
xiào
a râde

开 玩笑
kāi wánxiào
a glumi

想
xiǎng
a se gândi

语言应用 Gramatică

● 动态助词：过 Particula aspectuală „过"

动词后加动态助词"过"，一般用来表示过去有过的经历，并且这些动作行为没有持续到现在。否定形式是"没 + 动词 + 过"。Particula aspectuală „过" se așează după verb, exprimând ideea de experiență în trecut, care nu mai durează în prezent. Forma negativă este „没 + Verb + 过".

主语 Subiect	谓语 Predicat		
	（没）动词 Verb	过	宾语 Obiect
我	去	过	国家博物馆。
我	（没）看	过	这本书。
他们	（没）去	过	北京。

● 序数词：第 + 数字（+ 量词）Numeralul ordinal: 第 + numeral (+ clasificator)

汉语里用"第 + 数字"表示顺序。序数词和量词一起构成的数量短语可以作定语修饰名词，也可以作状语修饰动词。În limba chineză structura „第 + numeral" exprimă ordinea. Structura „第 + numeral + clasificator" poate fi folosită ca atribut, în fața unui substantiv, dar se poate folosi și drept complement circumstanțial, în fața verbului.

第	数字 numeral	量词 clasificator	名词 / 动词 substantiv/verb
第	三	个	人
第	二	本	书
第	一	次	去
第	一	个	到

活动与练习 Activități și exerciții

1 听录音，选择和听到的内容一致的句子。 **Ascultați înregistrarea și alegeți propoziția identică cu ceea ce auziți.** 🎧 05-05

（1）□ 下个星期他要去旅游。　　□ 下个星期他要去学校。

（2）□ 妈妈明天去博物馆。　　□ 妈妈明天去工作。

（3）□ 这是她第一次去中国。　　□ 这是她第二次去中国。

2 根据表格内容，说说他们都去过哪里，没去过哪里。**Spune unde au fost și unde nu au fost colegii, conform tabelului de mai jos.**

	北京 Běijīng Beijing	雅西 Yǎxī Iași	巴黎 Bālí Paris	罗马 Luómǎ Roma
米鲁娜	√	√		√
埃列娜	√		√	
李小北	√			√

例 _____ 去过 _____，没去过 _____。

45

3 看图，用"第 + 数字（+ 量词）"完成句子。Completați propozițiile cu „第 + număr (+ clasificator)", conform imaginilor.

（1）从下边看，＿＿＿＿＿是红色的，
＿＿＿＿＿是黄色的。

（2）照片左边的＿＿＿＿＿是刘冬，
＿＿＿＿＿是李小北，＿＿＿＿＿
是埃列娜。

（3）一年的＿＿＿＿＿月是九月，＿＿
＿＿月是十二月。

4 请你帮帮忙！ Te rog să mă ajuți!

埃列娜的钱包丢了，她现在很着急。看图，说一说她今天都去过哪些地方，在那儿做过什么。帮她想一想可能在哪里找到钱包。
Elena și-a pierdut portofelul și este foarte supărată. Uită-te la imagine și spune-ne unde a fost și ce a făcut acolo astăzi. Ajut-o să se gândească unde și-ar putea găsi portofelul.

例　埃列娜今天去过 ＿＿＿＿＿＿，在那儿 ＿＿＿＿＿＿ 过 ＿＿＿

＿＿＿。她的钱包可能（kěnéng，posibil）在 ＿＿＿＿＿＿。

5 排名次。Clasament.

> 这是一张班级运动会的成绩单，请按照成绩说一说他们的名次。
> Aceasta este o listă cu rezultatele de la întrecerea sportivă a clasei, spuneți
> unde s-au clasat colegii, în funcție de rezultatele lor.

一百米跑

（sprint de 100 de metri）

刘冬：16 秒（miǎo，secunde）

李小北：13 秒

埃列娜：14 秒

跳高

（săritura în inălțime）

张文：1 米 65

李小北：1 米 43

刘冬：1 米 81

例　＿＿＿＿＿＿ 是 ＿＿＿＿＿＿ 比赛的第 ＿＿＿＿＿ 名。

读一读，找一找每句话最后一个字的韵母是什么。Citiți și găsiți rima de la sfârșitul fiecărei propoziții.

什么 地方 大？
Shénme dìfang dà?

什么 地方 大？ 什么 地方 小？
Shénme dìfang dà?　Shénme dìfang xiǎo?

什么 地方 不大 也不 小？
Shénme dìfang bú dà yě bù xiǎo?

去过的 地方大， 没去过的 地方小，
Qùguo de dìfang dà,　méi qùguo de dìfang xiǎo,

不 知道 的地方 不大 也 不小。
bù zhīdào de dìfang bú dà yě bù xiǎo.

什么 地方远？ 什么 地方近？
Shénme dìfang yuǎn?　Shénme dìfang jìn?

什么 地方 不 远 也 不 近？
Shénme dìfang bù yuǎn yě bú jìn?

没 去过 的 地方 远， 去过 的 地方 近，
Méi qùguo de dìfang yuǎn,　qùguo de dìfang jìn,

不 知道 的 地方 不 远 也 不 近。
bù zhīdào de dìfang bù yuǎn yě bú jìn.

写一写 Exercițiu de scriere

● 月字旁 Radicalul „月" (lună)

月

"月"的古字形像月亮，可独立成字，作偏旁可以位于字的左边或右边，可表示与月亮、时间有关的事物，例如"月"和"期"。Caracterul „月" seamănă cu luna și poate fi folosit ca radical pentru a indica lucruri legate de lună și timp, precum „月"(lună) și „期" (perioadă de timp).

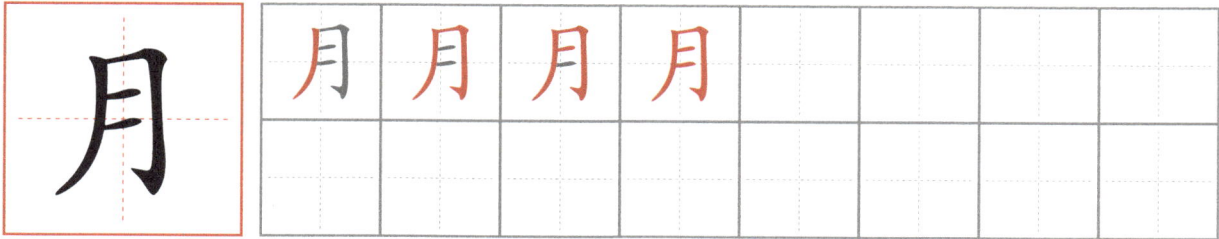

月	月	月	月	月				

期	期	期	期	期	期	期	期	期
	期	期	期	期				

你知道吗？ Știați că?

中国国家博物馆
Muzeul Național al Chinei

中国国家博物馆是中国最大的综合性历史博物馆，也是收藏中国文物数量最多的博物馆之一。

Muzeul Național al Chinei este cel mai mare muzeu de istorie din China și, de asemenea, este unul dintre muzeele care dețin cele mai bogate colecții de relicve culturale din China.

中国　国家　博物馆
Zhōngguó Guójiā Bówùguǎn
Muzeul Național al Chinei

任务
Temă

罗马尼亚有哪些著名的博物馆？你去过哪些博物馆？博物馆里的什么东西让你印象深刻？找找相关的图片，给你的同伴介绍一下吧。Care sunt cele mai vestite muzee din România? Ce muzee ai vizitat? Ce ți-a plăcut în aceste muzee? Găsește câteva fotografii și povestește-i colegului tău despre ele.

第 **6** 课 京剧非常好看!

Lecția 6   Opera în stil Beijing este foarte frumoasă!

学习目标 Obiectivele învățării

1. 能简单描述休闲娱乐的情景。Învățăm expresii simple referitoare la activitățile recreative.

2. 学会用"动词 + 着"表示某种状态的持续。Deprindem utilizarea structurii „verb + 着" pentru a exprima o stare continuă.

3. 学会用连动句"动词₁(+ 宾语₁)+ 着 + 动词₂(+ 宾语₂)"表示两个动作伴随着进行。Deprindem utilizarea structurii „verbul₁ (+ obiectul₁) + 着 + verbul₂ (+ obiectul₂)" pentru a arăta acțiuni care au loc în același timp.

4. 了解形旁走之底"辶",能认读、书写汉字"送"和"进"。Învățăm radicalul „辶" (călcâi); citim și scriem caracterele „送" și „进".

5. 了解中国古典乐器。Cunoaștem instrumentele muzicale tradiționale din China.

热身 Exercițiu introductiv 🎧 06-01

你知道中国国家大剧院都有什么演出吗? 跟读词语,说一说你想看哪一种表演。Știți ce fel de spectacole sunt la Teatrul Național din China? Citește cuvinte împreună cu profesorul și spune ce fel de spectacol ți-ar plăcea să vezi.

音乐会
yīnyuèhuì
concert

京剧
jīngjù
opera în stil Beijing

芭蕾舞
bālěiwǔ
balet

中国　民族舞
Zhōngguó mínzúwǔ
dansuri tradiționale chineze

话剧
huàjù
teatru

1

埃列娜： 这些 是 什么？
Āiliènà : Zhèxiē shì shénme?

埃列娜妈妈： 这些 是 京剧 门票。 王 阿姨 送 我们 的。
Āiliènà māma : Zhèxiē shì jīngjù ménpiào. Wáng āyí sòng wǒmen de.

我们 晚上 去 国家 大剧院 听 京剧 吧！
Wǒmen wǎnshang qù Guójiā Dàjùyuàn tīng jīngjù ba!

埃列娜爸爸： 太 好 了！ 我 还 没 听过 京剧 呢。
Āiliènà bàba : Tài hǎo le! Wǒ hái méi tīngguo jīngjù ne.

- -

2 埃列娜爸爸： 您好， 这是 我们 的 门票。
Āiliènà bàba : Nín hǎo, zhè shì wǒmen de ménpiào.

检票员： 好的， 先生。 请问 一共 三 位 吗？
jiǎnpiàoyuán : Hǎode, xiānsheng. Qǐngwèn yígòng sān wèi ma?

(controlor de bilete)

埃列娜爸爸： 是的。
Āiliènà bàba : Shìde.

检票员： 请 从 这边 进去。
jiǎnpiàoyuán : Qǐng cóng zhèbiān jìnqu.

埃列娜爸爸： 好的， 谢谢！
Āiliènà bàba : Hǎode, xièxie!

课文 2 Text 2 🎧 06-03

10 月 1 日　　　　　　　　　　　　星期五　阴
Shíyuè yī rì　　　　　　　　　　　Xīngqīwǔ　yīn

今天 我 和 爸爸 妈妈 一起 去 国家 大剧院 听了
Jīntiān wǒ hé bàba māma yìqǐ qù Guójiā Dàjùyuàn tīngle

京剧。这 是 我 第一 次 听 京剧。我们 在 舞台 下 坐着 听
jīngjù. Zhè shì wǒ dì-yī cì tīng jīngjù. Wǒmen zài wǔtái xià zuòzhe tīng

京剧，演员们 穿着 漂亮 的 衣服，在 舞台 上 唱着
jīngjù, yǎnyuánmen chuānzhe piàoliang de yīfu, zài wǔtái shang chàngzhe

京剧，做着 动作。京剧 非常 好看，我 太 喜欢 京剧 了！
jīngjù, zuòzhe dòngzuò. Jīngjù fēicháng hǎokàn, wǒ tài xǐhuan jīngjù le!

这些
zhèxiē
acestea

门票
ménpiào
bilet de intrare

阿姨
āyí
mătuşă, tanti

送
sòng
a dărui, a
face cadou

剧院
jùyuàn
teatru

先生
xiānsheng
domn

位
wèi
clasificator
pentru
persoane
(politicos)

这边
zhèbiān
aici

进去
jìnqu
a intra

阴
yīn
înnorat

舞台
wǔtái
scenă

着
zhe
particulă
aspectuală

演员
yǎnyuán
actor

动作
dòngzuò
mişcare, acțiune

好看
hǎokàn
frumos

语言应用 Gramatică

● 动态助词：着 Particula aspectuală „ 着 ”

动词加上动态助词 "着" 可以表示某种状态的持续。Particula aspectuală „ 着 " adăugată după verb indică faptul că o anumită stare este continuă.

主语 Subiect	谓语 Predicat		
	动词 Verb	着	宾语 Obiect
演员们	唱	着	京剧。
我	拿	着	书。
她	看	着	我。

● 连动句（表方式）：动词₁+ 着（＋宾语₁）+ 动词₂（＋宾语₂）Propoziția cu verbe în serie (exprimarea modalității): Verb ₁ + 着 + (+Obiect ₁) + Verb ₂ (+Obiect ₂)

汉语中用 "动词₁+ 着（＋宾语₁）+ 动词₂（＋宾语₂）" 表示两个动作同时进行。动词₁表示伴随，是动词₂的状态或者进行的方式。比如，"我们坐着听京剧" 表示 "我们在听京剧"，方式是 "坐着"，不是 "站着"。În limba chineză, structura Verb ₁ + 着 + (+Obiect ₁) + Verb ₂ (+Obiect ₂) este folosită pentru a exprima două acțiuni care se petrec în același timp. Verbul $_1$ arată modalitatea în care se desfășoară acțiunea exprimată de Verbul $_2$. Spre exemplu, „我们坐着听京剧" (Noi ascultăm opera în stil Beijing, stând jos.) indică faptul că subiectul (我们) ascultă opera, iar modul în care se desfășoară acțiunea este „坐着", nu „站着".

主语 Subiect	谓语 Predicat				
	动词 $_1$ Verb $_1$	着	宾语 $_1$ Obiect $_1$	动词 $_2$ Verb $_2$	宾语 $_2$ Obiect $_2$
我	坐	着		写	作业。
他	站	着		打	电话。
妈妈	听	着	音乐	做	饭。

活动与练习 Activități și exerciții

1 听录音，选择和听到的内容一致的句子。Ascultați înregistrarea și alegeți propoziția identică cu ceea ce auziți. 🎧 06-05

（1）□ 他们在家吃饭。 　　　　□ 他们在饭店吃饭。

（2）□ 她常常看京剧。 　　　　□ 她喜欢京剧。

（3）□ 爸爸在打电话。 　　　　□ 爸爸穿着白色衣服。

2 根据图片和提示，用"动词 + 着"说句子。Folosiți structura „verb + 着" și alcătuiți propoziții conform exemplului.

例 她笑着打电话。

（1）吃苹果　看电视

（2）站　看书

（3）坐　唱歌

（4）喝咖啡　说话

❸ 准备一张照片，用"动词＋着"介绍照片里的人物。Pregătiți o fotografie și prezentați persoanele din fotografie folosind structura „verb＋着".

例　穿着红色衣服的人是我的奶奶。

4 猜猜他是谁。**Ghiciți cine este.**

听老师的描述，抢答这个人是谁，答对的同学继续用"动词 + 着"描述下一个同学，
看看谁猜对的次数最多。

Ascultați descrierea profesorului și încercați să ghiciți cine este persoana.
Cine răspunde corect descrie la rândul său pe cineva folosind structura
„verb + 着". Cine ghicește cel mai mult?

参考词语 Cuvinte ajutătoare

戴 dài a purta (accesorii)	衣服 yīfu haină, haine	裤子 kùzi pantaloni	裙子 qúnzi fustă
鞋子 xiézi pantofi	眼镜 yǎnjìng ochelari	帽子 màozi pălărie, șapcă	
黄色 huángsè galben	白色 báisè alb	黑色 hēisè negru	红色 hóngsè roșu
蓝色 lánsè albastru	绿色 lǜsè verde		

例 _____ 穿着 _____ 衣服 / 裤子 / 裙子 / 鞋子。
chuānzhe　　　yīfu / kùzi / qúnzi / xiézi.

_____ 戴着 _____ 的 帽子 / 眼镜。
dàizhe　　　de màozi / yǎnjìng.

_____ 桌子 上 有 书 / 本子 / 词典 / 杯子。
zhuōzi shang yǒu shū / běnzi / cídiǎn / bēizi.

_____ 手 里 有 书 / 本子 / 词典 / 杯子。
shǒu li yǒu shū / běnzi / cídiǎn / bēizi.

趣味小韵文 Să exersăm rimele 🎧 06-06

读一读，找一找每句话最后一个字的韵母是什么。Citiţi şi găsiţi rima de la sfârşitul fiecărei propoziţii.

看 京 剧
Kàn jīngjù

先生 女士 进 剧院， 唱 念 做 打 真 好玩。
Xiānsheng nǔshì jìn jùyuàn, chàng niàn zuò dǎ zhēn hǎowán.

舞台 漂亮 鼓乐 响， 演员 动作 真 好看。
Wǔtái piàoliang gǔyuè xiǎng, yǎnyuán dòngzuò zhēn hǎokàn.

想 学 演员 唱 京剧， 想 画 脸谱 舞台 站，
Xiǎng xué yǎnyuán chàng jīngjù, xiǎng huà liǎnpǔ wǔtái zhàn,

我 为 演员 鼓鼓 掌，我 为 京剧 点 个 赞！
Wǒ wèi yǎnyuán gǔgǔ zhǎng, wǒ wèi jīngjù diǎn ge zàn!

写一写 Exercițiu de scriere

- 走之底 Radicalul „辶" (călcâi)

辶

"辶"的意思是脚在路上行走，因此含有"辶"的汉字意义大多与脚步动作有关，例如"送"和"进"。Semnificația lui „辶" este de a merge pe drum, astfel încât majoritatea caracterelor care conțin „辶" sunt legate de mișcare, cum ar fi „送" (a dărui) și „进" (a intra).

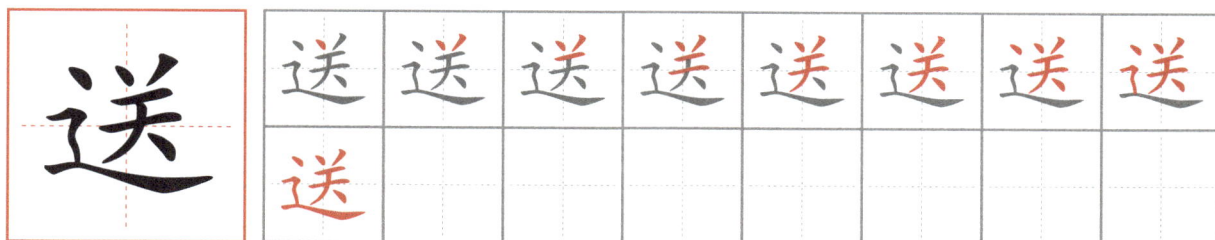

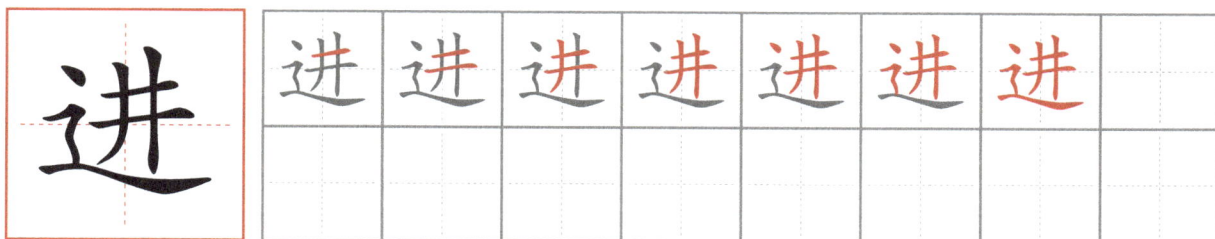

送	送	送	送	送	送	送	送	送
	送							

进	进	进	进	进	进	进	进	

你知道吗？ Știați că?

中国古典乐器
Instrumente muzicale clasice din China

你认识这些中国的古典乐器吗？你听过这些乐器演奏的音乐吗？

Cunoaşteţi aceste instrumente clasice chinezeşti? Aţi auzit vreodată muzică interpretată la aceste instrumente?

琵琶
pípā
pipa

大鼓
dàgǔ
tobă mare

古筝
gǔzhēng
guzheng

二胡
èrhú
erhu

扬琴
yángqín
yangqin

葫芦丝
húlúsī
hulusi

笛子
dízi
flaut

任务
Temă

上网找一找用这些古典乐器演奏的音乐，和老师、同学们分享一首你最喜欢的音乐吧！
Căutaţi pe internet muzică interpretată la aceste instrumente şi împărtăşiţi colegilor de clasă piesa voastră preferată.

复习课 1
Recapitulare 1

1 朗读短文并回答问题。**Citiți textul cu voce tare și răspundeți la întrebări.** 🎧 F1-01

埃列娜 在 北京 上学
Āiliènà zài Běijīng shàngxué

埃列娜 从 罗马尼亚 来到了 中国。她 现在 在
Āiliènà cóng Luómǎníyà láidàole Zhōngguó. Tā xiànzài zài

北京 上 中学。第一次 去 新 学校 的 时候，她 不 知道
Běijīng shàng zhōngxué. Dì-yī cì qù xīn xuéxiào de shíhou, tā bù zhīdào

几 点 上课、几 点 休息，也 不 知道 教学楼 在 哪儿。新
jǐ diǎn shàngkè, jǐ diǎn xiūxi, yě bù zhīdào jiàoxuélóu zài nǎr. Xīn

同学们 帮助了 她。她 现在 有 很 多 新 朋友，她 还 给
tóngxuémen bāngzhùle tā. Tā xiànzài yǒu hěn duō xīn péngyou, tā hái gěi

新 朋友们 介绍了 罗马尼亚 好玩儿 的 地方。 朋友们
xīn péngyoumen jièshàole Luómǎníyà hǎowánr de dìfang. Péngyoumen

都 想 去 罗马尼亚。现在，埃列娜 在 北京 不 是 一 个
dōu xiǎng qù Luómǎníyà. Xiànzài, Āiliènà zài Běijīng bú shì yí ge

"外国人" 了。她 自己 去 图书馆 还 书，去 北京大学
" wàiguórén " le. Tā zìjǐ qù túshūguǎn huán shū, qù Běijīng Dàxué

找 哥哥，还 和 朋友们 一起 去 爬山。她 喜欢 中国，
zhǎo gēge, hái hé péngyoumen yìqǐ qù pá shān. Tā xǐhuan Zhōngguó,

喜欢 北京，她 想 以后 在 北京 上 大学。
xǐhuan Běijīng, tā xiǎng yǐhòu zài Běijīng shàng dàxué.

（1）埃列娜第一次去学校的时候怎么样？

（2）为什么现在埃列娜在北京不是"外国人"了？

（3）埃列娜喜欢现在的生活吗？她以后有什么打算？

埃列娜 的 周末
Āiliènà   de zhōumò

在 北京，埃列娜 每个 周末 都会 做 很 多 有意思 的
Zài Běijīng,   Āiliènà   měi ge zhōumò dōu huì zuò hěn duō yǒu yìsi de

事。她 和 爸爸 一起 去了 国家 博物馆。那里 有 很 多
shì. Tā hé bàba yìqǐ   qùle Guójiā Bówùguǎn. Nàli yǒu hěn duō

漂亮 的 东西。她 还 和 爸爸、妈妈 去 听了 京剧。这
piàoliang de dōngxi. Tā hái hé bàba   māma qù tīngle jīngjù. Zhè

是 埃列娜 第一 次 听 京剧。京剧 很 好听，他们 非常
shì Āiliènà dì-yī cì tīng jīngjù. Jīngjù hěn hǎotīng, tāmen fēicháng

喜欢。埃列娜 还 和 朋友们 一起 去 爬 山 了。爬 山
xǐhuan. Āiliènà hái hé péngyoumen yìqǐ   qù pá shān le. Pá shān

的 时候，他们 高兴 地 唱歌、照 照片。埃列娜 太 喜欢
de shíhou, tāmen gāoxìng de chànggē, zhào zhàopiàn. Āiliènà tài xǐhuan

北京 了！
Běijīng le!

（1）埃列娜每个周末都干什么？

（2）这是埃列娜第几次听京剧？

（3）他们爬山的时候还干什么了？

2 听录音，选择和听到的内容一致的句子。Ascultați înregistrarea și alegeți propoziția identică cu ceea ce auziți. 🎧 F1-02

（1）□ 他正在找照片。   □ 他正在照照片。

（2）□ 十一月去锡比乌最好。   □ 十月去锡比乌最好。

（3）□ 今天的菜不太多。　　　　□ 今天的菜最好少一点儿。

（4）□ 他要去动物园。　　　　　□ 他要去北京大学。

（5）□ 她去过中国一次。　　　　□ 她去过中国两次。

（6）□ 爸爸坐着打电话。　　　　□ 爸爸穿着黄色衣服。

3 双人活动。**Doi câte doi.**

埃列娜上个月从北京去上海旅游了，这是她的行程计划。仿例，用"从 A 到 B"的形式说一说她的行程，看看谁说的句子又多又准确。

Elena a plecat luna trecută într-o călătorie de la Beijing la Shanghai, acesta este itinerariul ei. Folosiți structura „de la A la B" pentru a povesti pe unde a fost Elena, conform exemplului. Cine poate spune mai multe și mai exacte lucruri despre călătoria ei?

行程

北京 — 上海 Běijīng Shànghǎi	7:00—9:15 ✈ MU5100 ⚲ 1200km
外滩 Wàitān	11:00—12:00
饭店 fàndiàn	12:00—13:00
商店 shāngdiàn	13:00—15:00
书店 shūdiàn	15:30—17:30
电影院 diànyǐngyuàn	18:00—20:30

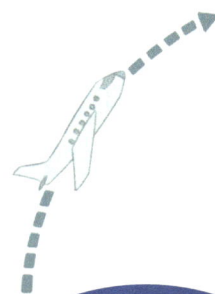

例　（1）埃列娜从北京到上海坐飞机坐了两个小时。

　　（2）埃列娜从下午 1 点到 3 点在商店买东西。

4 选出与图片有关的汉字，并写下来。Alegeți caracterele care descriu imaginile și scrieți-le în chenare.

从	众	国	园	快	怕
家	安	月	期	送	进

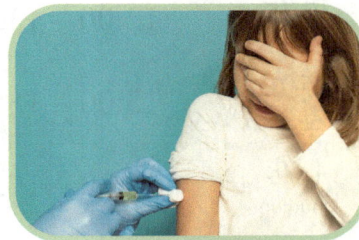

第四单元

学习生活

Unitatea

4

Viața de elev

单元自评 Exerciții de auto-evaluare

- **我会认** Recunosc următoarele ☆☆☆☆☆

看见　　那边　书包　有的　题　　在家　　一边

介绍　　文化　有用　一半　路口

车　　　条　　堵车　停　　下车　忘　　早

有时候　骑　　坏　　问题　跑步

- **我会说** Știu să spun ☆☆☆☆☆

① 今天的作业跟考试一样难。

② 我喜欢一边看书，一边听歌。

③ 请在旁边停一下儿。

④ 别忘了您的书包。

⑤ 你骑自行车上学最好。

- **我会写** Știu să scriu ☆☆☆☆☆

① 声旁"羊"：样　养

　　Foneticul „羊": caracterele 样 și 养

② 声旁"乍"：昨　作

　　Foneticul „乍": caracterele 昨 și 作

- **我知道** Cunosc ☆☆☆☆☆

① 中国四大名著

　　Cele patru romane clasice chinezești

② 中国 C919 飞机

　　Avionul chinezesc C919

第 7 课 您看见我的汉语书了吗?

Lecția 7   Mi-ați văzut cartea de chineză?

学习目标 Obiectivele învățării

1. 能简单评价常见学习资源。Învățăm să evaluăm materialele didactice uzuale.

2. 学会用"A 跟 B 一样(＋形容词)"对事物进行比较。Deprindem utilizarea structurii „A 跟 B 一样 (+ adjectiv)" pentru comparația de egalitate.

3. 学会用"一边……，一边……"表示两个动作同时进行。Deprindem utilizarea structurii „一边……一边……" pentru a arăta că două acțiuni au loc în același timp.

4. 了解声旁"羊"，能认读、书写汉字"样"和"养"。Învățăm foneticul „羊"; citim și scriem caracterele „样" și „养".

5. 了解中国四大名著。Cunoaștem cele patru romane clasice chinezești.

热身 Exercițiu introductiv 🎧 07-01

给下面的词语选择对应的图片，说一说你还学过哪些跟书有关的词语。Alegeți imaginile corespunzătoare cuvintelor de mai jos și spuneți ce alte cuvinte legate de cărți ați învățat.

A	B	C
D	E	F

还 书	书 店	看 书
huán shū	shūdiàn	kàn shū
———	———	———
书 包	汉语书	图书馆
shūbāo	Hànyǔshū	túshūguǎn
———	———	———

埃列娜： 妈妈，您看见我的汉语书了吗？
Āiliènà： Māma, nín kànjiàn wǒ de Hànyǔshū le ma?

妈妈： 在那边的桌子上吗？
Māma： Zài nàbiān de zhuōzi shang ma?

埃列娜： 我找过了，不在。
Āiliènà： Wǒ zhǎoguo le, bú zài.

妈妈： 在这边的书包里吗？
Māma： Zài zhèbiān de shūbāo li ma?

埃列娜： 找到了！在书包里。
Āiliènà： Zhǎodào le! Zài shūbāo li.

妈妈： 今天有作业吗？
Māma： Jīntiān yǒu zuòyè ma?

埃列娜： 今天的作业跟考试一样难。有的题我不
Āiliènà： Jīntiān de zuòyè gēn kǎoshì yíyàng nán. Yǒude tí wǒ bú

会做。
huì zuò.

妈妈： 没关系，明天问一下儿老师吧。
Māma： Méi guānxi, míngtiān wèn yíxiàr lǎoshī ba.

课文 2 Text 2 🎧 07-03

李小北： 星期六我打算去图书馆看书，我们一起去吧！
Lǐ Xiǎoběi： Xīngqīliù wǒ dǎsuàn qù túshūguǎn kàn shū, wǒmen yìqǐ qù ba!

埃列娜： 我 想 在家 看书。我 喜欢 一边 看书， 一边
Āiliènà： Wǒ xiǎng zàijiā kàn shū. Wǒ xǐhuan yìbiān kàn shū, yìbiān
听 歌。
tīng gē.

李小北： 你 在 看 什么 书?
Lǐ Xiǎoběi： Nǐ zài kàn shénme shū?

埃列娜： 我 在 看《你好， 中国》。
Āiliènà： Wǒ zài kàn 《 Nǐ hǎo, Zhōngguó 》.

李小北： 这 本 书 怎么样?
Lǐ Xiǎoběi： Zhè běn shū zěnmeyàng?

埃列娜： 这 本 书 介绍了 很 多 中国 文化，我 觉得 很
Āiliènà： Zhè běn shū jièshàole hěn duō Zhōngguó wénhuà, wǒ juéde hěn
有用。
yǒuyòng.

李小北： 是 吗? 我 也 想 看看!
Lǐ Xiǎoběi： Shì ma? Wǒ yě xiǎng kànkan!

埃列娜： 我 还 有 一半 没 看，下 星期 给 你 吧。
Āiliènà： Wǒ hái yǒu yíbàn méi kàn, xià xīngqī gěi nǐ ba.

李小北： 没 问题!
Lǐ Xiǎoběi： Méi wèntí!

词语 Cuvinte 🎧 07-04

看见
kànjiàn
a vedea

那边
nàbiān
acolo

书包
shūbāo
ghiozdan

有的
yǒude
unii, unele

题
tí
întrebare, exercițiu

在家
zàijiā
acasă

一边
yìbiān
(pe) de o parte

介绍
jièshào
a prezenta

文化
wénhuà
cultură

有用
yǒuyòng
util

一半
yíbàn
jumătate

语言应用 Gramatică

- 比较句：A 跟 B 一样（＋形容词）Propoziția comparativă „A 跟 B 一样 (+ adjectiv)"

"A 跟 B 一样"表示 A 和 B 两者相比较，没有差别。后边可以加形容词表示比较的某个方面，构成"A 跟 B 一样＋形容词"，如"A 跟 B 一样大"表示 A 跟 B 大小相同。否定式是在"一样"的前边加"不"。Structura „A 跟 B 一样" arată faptul că între A și B nu sunt nici un fel de diferențe. După „一样" se poate adăuga un adjectiv pentru a preciza în ce privință se aseamănă elementele comparate. Structura compusă astfel este „A 跟 B 一样 + adjectiv". Spre exemplu, în propoziția „A 跟 B 一样大" se arată că A și B au aceeași mărime. Forma negativă se realizează punând adverbul „不" în fața lui „一样".

例 ① 作业跟考试一样难。

② 我的书跟他的书一样多。

③ 我跟你不一样高。

- 并列复句：一边……，一边…… Structura coordonativă „一边……，一边……"

"一边……，一边……"表示两个动作同时进行。Structura „一边……一边……" arată faptul că două acțiuni au loc în același timp.

例 ① 我喜欢一边看书，一边听音乐。

② 我们一边唱歌，一边跳舞。

③ 我妈妈喜欢一边做饭，一边唱歌。

活动与练习 Activități și exerciții

1 听录音，选择和听到的内容一致的句子。 Ascultați înregistrarea și alegeți propoziția identică cu ceea ce auziți. 🎧 07-05

（1）□ 她的钱包不见了。

　　□ 她的书包不见了。

（2）□ 妈妈喜欢听着歌做饭。

　　□ 妈妈喜欢一边做饭，一边唱歌。

（3）□ 这本书介绍了中国文化。

　　□ 学习汉语很有用。

2 用"一边……，一边……"描述下列图片。 Descrieți următoarele imagini folosind structura „一边……，一边……".

（1）吃东西　看书　　　　　　（2）唱歌　跳舞

（3）走路　打电话　　　　　　（4）说　笑

3 我是小小调查员。Micul detectiv.

根据表格内容采访你的同学，并用"A 跟 B 一样（＋形容词）""A 跟 B 不一样
（＋形容词）"的句型跟老师和同学们说一说你的调查结果。
Intervievează-ţi colegii conform tabelului de mai jos şi povesteşte-le
profesorului şi colegilor tăi despre descoperirile făcute, folosind structurile
„A 跟 B 一样 (+ adjectiv)" şi „A 跟 B 不一样 (+ adjectiv)".

姓名	爱好	出生年份	学习汉语多久了？
大卫	读书	2010 年 6 月	3 年
艾伦	踢足球	2010 年 6 月	2 年

例 （1）大卫跟艾伦一样大。

（2）大卫跟艾伦学习汉语的时间不一样长。

4 我做你猜。Ghiceşte ce fac.

老师准备动作卡片。学生轮流到前面随机抽两张卡片，并表演卡片上的两个动作。
其他同学用"一边……一边……"说句子。
Profesorul pregăteşte câteva cartonaşe cu acţiuni. Elevii vin pe rând în
faţă şi trag două cartonaşe, iar apoi realizează două mişcări care apar pe
cartonaşe. Restul clasei foloseşte expresia „一边……，一边……" pentru a
descrie ce face elevul.

例 吃饭 看书

他 / 她一边吃饭，一边看书。

参考词语 Cuvinte ajutătoare

吃饭	看书	睡觉	听音乐	打电话	跑步
爬山	开车	洗澡	看电视	游泳	跳舞
扫地	喝茶	画画	唱歌		

趣味小韵文 Să exersăm rimele 🎧 07-06

读一读，找一找每行最后一个字的韵母是什么。Citiți și găsiți rima de la sfârșitul fiecărei propoziții.

汉语书
Hànyǔshū

汉语书，从 头 读，
Hànyǔshū, cóng tóu dú,

汉语 拼音 我 会 读，
Hànyǔ pīnyīn wǒ huì dú,

汉字 笔画 我 会 数，
Hànzì bǐhuà wǒ huì shǔ,

中国 故事 我 最 熟。
Zhōngguó gùshi wǒ zuì shú.

写一写 Exercițiu de scriere

● 声旁 Foneticul

羊

含有声旁"羊"的字，有的可以发"iang"音，例如"样"和"养"。Unele caractere care conțin foneticul „羊" pot fi pronunțate ca „iang", cum ar fi „样" (yàng) și „养" (yǎng).

| 样 | 样 | 样 | 样 | 样 | 样 | 样 | 样 | 样 |
| 样 | 样 | | | | | | | |

养　养 养 养 养 养 养 养 养
养

孙　悟空
Sūn Wùkōng
Sun Wukong

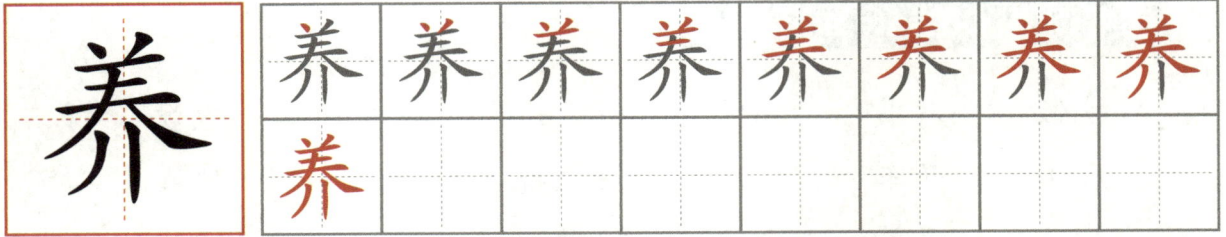

你知道吗？　Știați că?

中国四大名著

Cele patru romane clasice chinezești

你听说过孙悟空吗？

孙悟空是中国古典小说《西游记》中的主要角色之一。《西游记》和《三国演义》《水浒传》《红楼梦》一起，俗称中国四大名著，是中国文学史上的经典作品。

Ați auzit vreodată de Sun Wukong? Sun Wukong este unul dintre personajele principale ale romanului clasic chinezesc *Călătorie spre Soare-Apune*. *Călătorie spre Soare-Apune*, împreună cu *Cele trei regate*, *Pe malul apei* și *Visul din pavilionul roșu*, sunt cunoscute sub numele de „cele patru romane clasice chinezești", fiind mari capodopere ale literaturii chineze.

四大　名著
Sì Dà Míngzhù
cele patru romane clasice

任务
Temă

上网找一找，《西游记》中还有哪些人物？你觉得谁最有意思？

Căutați pe internet care sunt celelalte personaje din *Călătorie spre Soare-Apune*. Care credeți că este cel mai interesant personaj?

第 8 课 请在旁边停一下儿。

Lecția 8　　　Vă rog să opriți într-o parte.

学习目标 Obiectivele învățării

1. 能简单谈论日常出行及交通工具。Învățăm expresii simple despre călătoria zilnică și mijloacele de transport în comun.

2. 学会用祈使句"请 / 别……"表达让听话人做什么或不做什么。Deprindem folosirea propoziției imperative „请 / 别……" pentru a exprima ce dorim să facă interlocutorul.

3. 学会用连动句"主语 + 动词（短语）₁ + 动词（短语）₂"表达前一个动作是后一个动作的方式。Deprindem utilizarea structurii „subiect + predicat ₁ + predicat ₂" pentru a exprima acțiuni consecutive.

4. 了解声旁"乍"，能认读、书写汉字"昨"和"作"。Învățăm foneticul „乍"; citim și scriem caracterele „昨" și „作".

5. 了解中国 C919 飞机。Cunoaștem avionul chinezesc C919.

热身 Exercițiu introductiv 🎧 08-01

看图，给下面的出行方式选择对应的动词，然后读一读。Priviți imaginea și alegeți verbul corespunzător pentru următoarele moduri de a călători, apoi citiți cu voce tare.

____ 飞机
fēijī

____ 火车
huǒchē

____ 公共　汽车
gōnggòng qìchē

____ 车
chē

____ 地铁
dìtiě

____ 车
chē

A	坐	B	打	C	开
	zuò		dǎ		kāi

A 坐
zuò

B 打
dǎ

C 开
kāi

埃列娜：　是 不 是 快 到 北京 中学 了？
Āiliènà : 　Shì bu shì kuài dào Běijīng Zhōngxué le?

出租车司机：　是的，马上 到 了，前面 的 路口 车 太
chūzūchē sījī : 　Shìde, mǎshàng dào le, qiánmiàn de lùkǒu chē tài

(șofer de taxi)　多 了。
　　　　　　　　　duō le.

埃列娜：　这 条 路 是 不 是 经常 堵车？
Āiliènà : 　Zhè tiáo lù shì bu shì jīngcháng dǔchē?

出租车司机：　是的，这 条 路 经常 堵车。
chūzūchē sījī : 　Shìde, zhè tiáo lù jīngcháng dǔchē.

埃列娜：　请 在 旁边 停 一下儿，我 想 在 这里
Āiliènà : 　Qǐng zài pángbiān tíng yíxiàr, wǒ xiǎng zài zhèli

　　　　　下 车。
　　　　　xià chē.

出租车司机：　好的。别 忘了 您 的 书包。
chūzūchē sījī : 　Hǎode. Bié wàngle nín de shūbāo.

埃列娜：　好的，谢谢！
Āiliènà : 　Hǎode, xièxie!

课文 2 Text 2 🎧 08-03

埃列娜： 早！ 你 每 天 都 坐 公共 汽车 上学 吗?
Āiliènà : Zǎo!　Nǐ měi tiān dōu zuò gōnggòng qìchē shàngxué ma?

刘 冬： 不 是， 有时候 我 也 坐 地铁。 你 骑 自行车
Liú Dōng: Bú shì,　yǒushíhou wǒ yě zuò dìtiě.　Nǐ qí zìxíngchē

上学 最好， 不 堵车。
shàngxué zuì hǎo,　bù dǔchē.

埃列娜： 但是， 昨天 我 的 自行车 坏 了。 我 打车 来
Āiliènà : Dànshì,　zuótiān wǒ de zìxíngchē huài le. Wǒ dǎchē lái

学校， 也 堵车 了!
xuéxiào,　yě dǔchē le!

刘 冬： 对 啊， 这 也 是 个 问题。 你 家 不 远， 你 还
Liú Dōng: Duì a,　zhè yě shì ge wèntí. Nǐ jiā bù yuǎn, nǐ hái

可以 跑步 来 学校。
kěyǐ pǎobù lái xuéxiào.

埃列娜： 那 太 累 了!
Āiliènà : Nà tài lèi le!

路口
lùkǒu
intersecție

车
chē
mașină

条
tiáo
clasificator

堵车
dǔchē
ambuteiaj

停
tíng
a opri

下车
xià chē
a coborî
din mașină

忘
wàng
a uita

有时候
yǒushíhou
uneori

骑
qí
a călări, a
merge cu
bicicleta

早
zǎo
devreme

坏
huài
a se strica, rău

问题
wèntí
întrebare,
problemă

跑步
pǎobù
a alerga

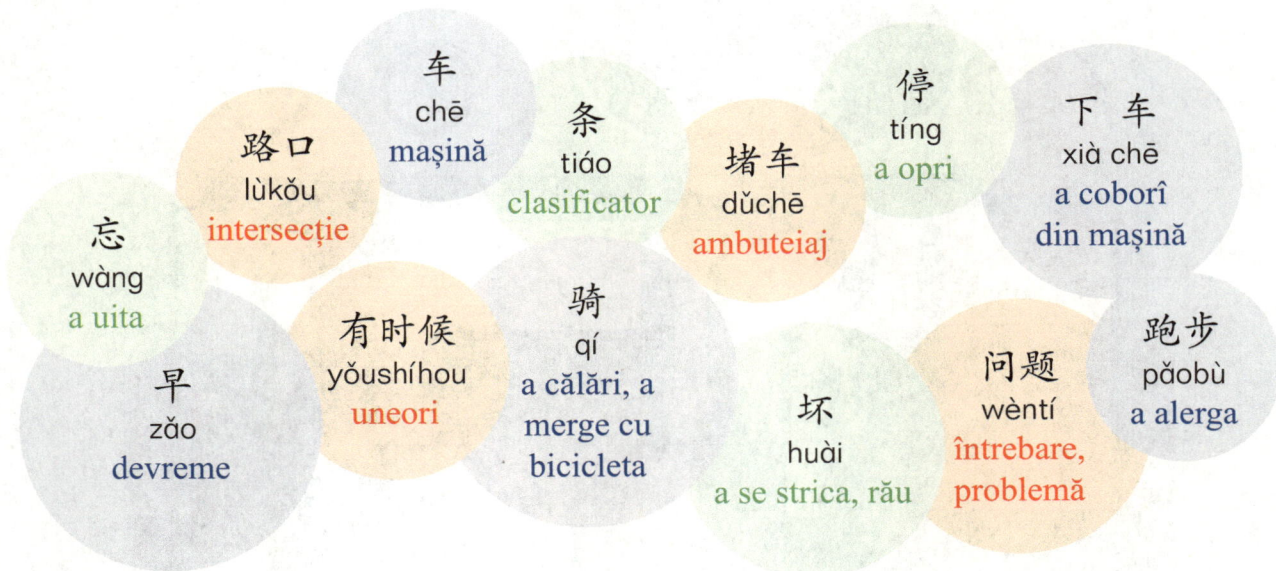

语言应用 Gramatică

● 祈使句：请 / 别…… Propoziția imperativă „请 / 别……"

肯定的祈使句是让听话人做什么。常常由"请"加上其他谓语成分构成。Prin propoziția imperativă la forma afirmativă se adresează interlocutorului un îndemn sau o rugăminte de a face ceva.

例 ① 请在旁边停一下儿。　　② 请从这边进去。

否定的祈使句是让听话人不做什么。常常由"别"加上其他谓语成分构成。Când se folosește forma negativă, interlocutorul este îndemnat să nu facă un anumit lucru. Adeseori se folosește „别" în fața verbului pentru a exprima acest sens.

③ 别忘了您的书包。　　④ 别出去，外面下雨了。

● 连动句（表方式）：主语 + 动词（短语）1 + 动词（短语）2 Propoziția cu verbe în serie (modalitate): Subiect + Predicat (structură verbal)1 + Verb (structură verbal)2

"主语 + 动词（短语）1 + 动词（短语）2"是一种连动句，前一个动作是后一个动作的方式。Propoziția cu verbe în serie are structura Subiect + Predicat (structură verbal)1 + Verb (structură verbal)2. Primul verb indică modul în care se desfășoară acțiunea indicată de verbul al doilea.

例 ① 你每天都坐公共汽车上学吗？

② 我打车来学校。

③ 你还可以跑步来学校。

活动与练习 Activități și exerciții

1 听录音，选择和听到的内容一致的句子。 **Ascultaţi înregistrarea și alegeți propoziţia identică cu ceea ce auziți.** 🎧 08-05

（1）☐ 他每天都去图书馆。　　☐ 他放学后有时候去公园。

（2）☐ 他每天都坐地铁回家。　　☐ 他没骑自行车来学校。

（3）☐ 他们坐公共汽车去电影院。　　☐ 因为堵车，所以他们走路去电影院。

2 连词成句。**Aranjați cuvintele în ordinea corectă pentru a obține o propoziție.**

（1）一瓶　我　水　给　请

_____

（2）今天　打车　回家　哥哥

_____

（3）坐　我们　飞机　旅游　去

_____

（4）是　忘了　姐姐的　别　生日　明天

_____

（5）常常　这里　堵车　是不是

_____

3 说一说方式。**Spuneți cum.**

老师用"怎么"向一位学生提问，如"你每天怎么来学校？"被提问的学生用连动句回答，如"我每天走路来学校。"回答完后，被提问的学生随机提问其他同学，如"你妈妈怎么去上班？"以此类推。

Profesorul adresează elevului o întrebare folosind „ 怎么 ", de exemplu: „ 你每天怎么来学校 ?" Elevul răspunde cu o propoziție ca de exemplu: „ 我每天走路来学校。". După răspuns, elevul adresează o întrebare altcuiva din clasă, de exemplu: „ 你妈妈怎么去上班 ?" și tot așa.

骑自行车　　　坐地铁　　　坐公共汽车　　　开车　　　打车

坐飞机　　　　走路　　　　跑步

4 该怎么做？ Ce-i de făcut?

老师说一个情景，学生用"请"或"别"说句子。看看谁说的句子又多又准确。
Profesorul prezintă o situație, iar elevii spun propoziții folosind „请" sau „别". Cine poate spune cele mai multe și mai corecte propoziții?

例　老师：外面下雨了。

　　学生：别出去！/ 请给我雨伞！

参考情景 Posibile situații	参考回答 Posibile răspunsuri
外面下雨了。 今天是我的生日。 我渴了。 外面堵车了。 我从哪儿进去？ 我在饭店点菜。	别出去！ 请给我雨伞！ 请来我家玩儿！ 请给我一瓶水！ 别坐公共汽车！ 别开车！ 别打车！ 请从这边进去。 请给我北京烤鸭。

请在旁边停一下儿。
Vă rog să opriți într-o parte.

第 8 课

趣味小韵文 Să exersăm rimele 🎧 08-06

读一读，找一找每句话最后一个字的韵母是什么。Citiți și găsiți rima de la sfârșitul fiecărei propoziții.

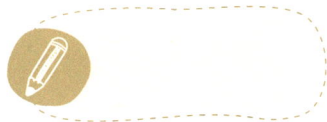

教室 飞来 一只 鸟
Jiàoshì fēilái yì zhī niǎo

教室 飞来 一只 鸟，飞来 飞去 飞 不 高。
Jiàoshì fēilái yì zhī niǎo, fēi lái fēi qù fēi bu gāo.

桌子 上面 喳喳 叫，别 动 别 动 别 说笑。
Zhuōzi shàngmian zhāzha jiào, bié dòng bié dòng bié shuōxiào.

一点儿 一点儿 飞 出去，一点儿 一点儿 飞 得 高。
Yìdiǎnr yìdiǎnr fēi chūqu, yìdiǎnr yìdiǎnr fēi de gāo.

我 看 小鸟 飞上 天，我 爱 蓝天 白云 飘。
Wǒ kàn xiǎoniǎo fēishàng tiān, wǒ ài lántiān báiyún piāo.

写一写 Exercițiu de scriere

- 声旁 Foneticul

乍

含有声旁"乍"的汉字，声母常常是"zh"或"z"，例如"昨"和"作"。Caracterele chinezești care conțin foneticul „乍" conțin adesea sunetul „zh" sau „z", cum ar fi „昨" (zuó) și „作" (zuò).

昨	昨	昨	昨	昨	昨	昨	昨	昨
	昨							

作	作	作	作	作	作	作	作	

C919 飞机
Avionul C919

　　C919 飞机是中国首款按照国际标准自行研制、具有自主知识产权的喷气式客机。2023 年 5 月 28 日，C919 完成了首次商业飞行。

　　Avionul C919 este primul avion de pasageri, cu reacție, realizat de China conform standardelor internaționale, având proprietate intelectuală proprie. Pe 28 mai 2023, C919 a efectuat primul său zbor comercial.

任务
Temă

上网找一找，从北京到这些城市，坐飞机和坐高铁最快分别需要多长时间？
Aflați de pe internet cât timp durează să călătoriți din Beijing în aceste orașe cu avionul și cu trenul de mare viteză?

	北京	上海	西安	广州
✈				
🚄				

第五单元

日常生活

Unitatea

5

Viața de zi cu zi

单元自评 Exerciții de auto-evaluare

- **我会认 Recunosc următoarele** ☆☆☆☆☆

晚	迟到	帮助	老人	过	助人为乐	应该
一会儿	路上	得到	记住	块	草莓	巧克力
付	拿	身上	差	走	记得	
关上	放	地上				

- **我会说 Știu să spun** ☆☆☆☆☆

① 我来晚了。

② 你先写一会儿作业吧。

③ 三块草莓蛋糕

④ 我还是少买一块蛋糕吧。

- **我会写 Știu să scriu** ☆☆☆☆☆

① 声旁"亥"：该　孩

　　Foneticul „亥": caracterele 该 și 孩

② 声旁"戋"：钱　线

　　Foneticul „戋": caracterele 钱 și 线

- **我知道 Cunosc** ☆☆☆☆☆

① 重阳节

　　Sărbătoarea *Chong yang*

② 成语

　　Proverbele chinezești

第 9 课　我帮助了一位老人过马路。

Lecția 9　　　**Am ajutat un bătrân să treacă strada.**

学习目标 Obiectivele învățării

1. 能简单谈论生活中帮助他人的行为。Învățăm să discutăm despre ajutorul acordat celorlalți.

2. 学会用"主语＋动词＋时量补语（＋的）＋宾语"表示动作持续的时间。Deprindem utilizarea structurii „subiect + verb + complement temporal (+ *de*) + obiect" pentru a indica durata unei acțiuni.

3. 学会用"动词＋结果补语（＋宾语）＋了"表示动作、变化的结果。Deprindem utilizarea structurii „verb + complement de rezultat (+ obiect) + *le*" pentru a exprima rezultatul unei acțiuni sau al unei schimbări.

4. 了解声旁"亥"，能认读、书写汉字"该"和"孩"。Învățăm foneticul „亥"; citim și scriem caracterele „该" și „孩".

5. 了解中国传统节日重阳节。Cunoaștem sărbătoarea tradițională chinezească *Chong yang*.

热身 Exercițiu introductiv 🎧 09-01

看图，谁在帮谁做什么？选择对应的词语，并说一说。Uită-te la imagini și spune cine ajută pe cine să facă ce? Alege cuvântul corespunzător și citește-l cu voce tare.

老师　帮　学生 ＿＿＿。 Lǎoshī bāng xuéshēng .	她　帮　妈妈 ＿＿＿。 Tā bāng māma .	妈妈　帮　她 ＿＿＿。 Māma bāng tā .
他们　帮　小狗 ＿＿＿。 Tāmen bāng xiǎogǒu .	她　帮　爸爸 ＿＿＿。 Tā bāng bàba .	妈妈　帮　他 ＿＿＿。 Māma bāng tā .

A	B	C	D	E	F
学习 xuéxí	找书 zhǎo shū	洗车 xǐ chē	洗澡 xǐzǎo	穿衣服 chuān yīfu	做饭 zuò fàn

埃列娜： 对不起，我来晚了。
Āiliènà : Duìbuqǐ, wǒ láiwǎn le.

王老师： 埃列娜，你为什么迟到了？
Wáng lǎoshī : Āiliènà, nǐ wèi shénme chídào le?

埃列娜： 我帮助了一位老人过马路。
Āiliènà : Wǒ bāngzhùle yí wèi lǎorén guò mǎlù.

王老师： 你助人为乐，我们应该跟你学习。请坐。
Wáng lǎoshī : Nǐ zhùrén-wéilè, wǒmen yīnggāi gēn nǐ xuéxí. Qǐng zuò.

课文 2 Text 2 🎧 09-03

埃列娜： 爸爸，我 回来 了。做好 晚饭 了 吗？
Āiliènà : Bàba, wǒ huílai le. Zuòhǎo wǎnfàn le ma?

爸爸： 还 没有。你 先 写 一会儿 作业 吧。
Bàba : Hái méiyǒu. Nǐ xiān xiě yíhuìr zuòyè ba.

埃列娜： 爸爸，老师 今天 说 我 助人为乐！
Āiliènà : Bàba, lǎoshī jīntiān shuō wǒ zhùrén-wéilè!

爸爸： 真 棒！你 帮助 了 谁？
Bàba : Zhēn bàng! Nǐ bāngzhùle shéi?

埃列娜： 今天 去 学校 的 路上，我 帮助 了 一 位 老人 过
Āiliènà : Jīntiān qù xuéxiào de lùshang, wǒ bāngzhùle yí wèi lǎorén guò

马路。
mǎlù.

爸爸： 你 现在 是 不 是 觉得 很 快乐？
Bàba : Nǐ xiànzài shì bu shì juéde hěn kuàilè?

埃列娜： 是的，我 非常 快乐！
Āiliènà : Shìde, wǒ fēicháng kuàilè!

爸爸： 帮助 别人，你 也 会 得到 快乐。
Bàba : Bāngzhù biérén, nǐ yě huì dédào kuàilè.

埃列娜： 爸爸，我 记住 了，这 就 是 助人为乐。
Āiliènà : Bàba, wǒ jìzhù le, zhè jiù shì zhùrén-wéilè.

词语 Cuvinte 🎧 09-04

晚
wǎn
seara, târziu

迟到
chídào
a întârzia

帮助
bāngzhù
a ajuta

老人
lǎorén
bătrân

过
guò
a trece, a traversa

助人为乐
zhùrén-wéilè
a ajuta
din plăcere

应该
yīnggāi
ar trebui

路上
lùshang
pe stradă

记住
jìzhù
a ține minte

一会儿
yìhuìr
imediat (temporal)

得到
dédào
a obține

语言应用 Gramatică

● 结果补语：动词＋结果补语（＋宾语）＋了 Complementul de rezultat: Verb + Complement de rezultat (+ Obiect) + 了

结果补语表示动作、变化的结果，可以是动词或形容词。充当结果补语的动词多是单音节的。常用的结构是"动词＋结果补语（＋宾语）＋了"。Complementul de rezultat indică rezultatul unei acțiuni sau schimbări și se poate exprima printr-un verb sau un adjectiv. Majoritatea verbelor care sunt folosite drept complement de rezultat sunt monosilabice. Structura folosită cel mai frecvent este „Verb+ Complement de rezultat（＋Obiect）+ 了".

主语 Subiect	动词 Verb	结果补语 Complement de rezultat	（宾语 obiect）	了
我	来	晚		了。
爸爸	做	好	晚饭	了。
埃列娜	写	完	作业	了。
哥哥	学	会	游泳	了。

● 时量补语：主语＋动词＋时量补语（＋的）＋宾语 Complementul de durată: Subiect + Predicat + Complement de durată (+ 的) + Obiect

时量补语表示动作持续的时间，由表示一段时间的词语充当。Complementul de durată exprimă durata unei acțiuni exprimate de verb și se realizează cu ajutorul unor cuvinte de timp.

① 你先写一会儿作业。　②他学了三年（的）汉语。

③ 他开了一天（的）车。

活动与练习 Activități și exerciții

1 听录音，选择和听到的内容一致的句子。 Ascultați înregistrarea și alegeți propoziția identică cu ceea ce auziți. 🎧 09-05

（1）□ 她喜欢学习汉语。　　□ 她不喜欢学习汉语。

（2）□ 我帮助了小北。　　□ 我学会骑自行车了。

（3）□ 今天他来早了。　　□ 今天他迟到了。

2 听录音，大声朗读。Ascultați înregistrarea și apoi citiți cu voce tare. 🎧 09-06

1
帮助
帮助别人
应该帮助别人
我们应该帮助别人

2
得到
得到东西
得到很多东西
会得到很多东西

3
晚饭
做晚饭
做好晚饭
爸爸做好晚饭了

4
作业
写作业
写一会儿作业
先写一会儿作业

3 选词填空。Completați spațiile libere.

A 帮助　　B 过　　C 晚　　D 得到　　E 一会儿

（1）我们进教室吧，老师 _____ 就来。

（2）现在是 21 点，有点儿 _____ 了！我们应该回家了。

（3）我今天 _____ 了一位老人。

（4）汉语很有趣，我 _____ 了很多快乐。

（5）_____ 马路的时候，我们要左右看。

4 埃列娜的一天。O zi din viața Elenei.

> 下表是埃列娜上周末做的事情。请用"主语＋动词＋时量补语（＋的）＋宾语"的句型，说一说她都做了什么。
> Tabelul de mai jos arată ce a făcut Elena la finalul săptămânii trecute. Spuneți ce a făcut, folosind structura „Subiect + Verb + Complement temporal (+ *de*) + Obiect".

8:00—10:00	在图书馆看书	例 她在图书馆看了两个小时书。
10:00—11:00	在学校打篮球	
11:00—11:30	坐公共汽车	
11:30—12:00	吃午饭	
12:30—13:30	睡觉	
14:00—16:00	看电影	
19:00—20:00	听音乐	

5 你做过哪些"助人为乐"的事？ **Cum ai ajutat tu oamenii?**

> 请用"帮"或者"帮助"组织句子，和同学们分享一下你都做过哪些助人为乐的事。
> Folosiți verbele „帮" sau „帮助" pentru a le povesti colegilor ce ați făcut pentru a-i ajuta pe alții.

例 我帮助过一位老人过马路。

趣味小韵文 Să exersăm rimele 🎧 09-07

读一读，找一找每句话最后一个字的韵母是什么。Citiți și găsiți rima de la sfârșitul fiecărei propoziții.

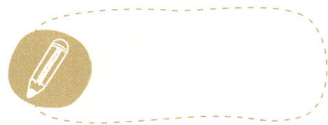

我 帮 老人 过 马路
Wǒ bāng lǎorén guò mǎlù

老人家， 年 岁 大， 过 马路， 哪里 去？
Lǎorenjia, niánsuì dà, guò mǎlù, nǎlǐ qù?

老人家， 年 岁 大， 走 一下儿， 停 一下儿。
Lǎorenjia, niánsuì dà, zǒu yíxiàr, tíng yíxiàr.

我 用 两 手 帮 一下儿，我们 开心 过 马路。
Wǒ yòng liǎng shǒu bāng yíxiàr, wǒmen kāixīn guò mǎlù.

老人家， 年 岁 大， 过 马路， 哪里 去？
Lǎorenjia, niánsuì dà, guò mǎlù, nǎlǐ qù?

动作 慢， 过 不 去， 看 一下儿， 停 一下儿。
Dòngzuò màn, guò bu qù, kàn yíxiàr, tíng yíxiàr.

我 用 两 手 帮 一下儿，我们 开心 过 马路。
Wǒ yòng liǎng shǒu bāng yíxiàr, wǒmen kāixīn guò mǎlù.

写一写 Exercițiu de scriere

• 声旁 Foneticul

亥

含有声旁"亥"的字，有时可以发"ai"的音，例如"该"和"孩"。Caracterele care conțin foneticul „亥" au uneori în componența lor sunetul „ai", cum ar fi „该" (gāi) și „孩" (hái).

该	该	该	该	该	该	该	该	该

孩	孩	孩	孩	孩	孩	孩	孩	孩
	孩							

重阳节
Sărbătoarea *Chong yang*

农历九月初九是中国的重阳节。因为"九"和"长久"的"久"同音，象征着长寿，所以在当代中国，重阳节又叫"敬老节""老人节"。这一天，人们会有登高、郊游、赏菊花、戴茱萸等活动。

A noua zi din cea de-a noua lună a calendarului lunar este sărbătoarea *Chong yang*. Deoarece cifra 九 „nouă" are aceeași pronunție ca și cuvântul 长久 „longevitate", în China contemporană, sărbătoarea *Chong yang* mai este numită și Sărbătoarea respectului pentru persoanele în vârstă sau Sărbătoarea persoanelor în vârstă. În această zi, oamenii participă la tot felul de activități, ca de exemplu urcă pe munte, merg la picnic, admiră crizantemele sau poartă ramuri de cătină.

赏 菊花
shǎng júhuā
admiră crizantemele

戴 茱萸
dài zhūyú
poartă ramuri de cătină

任务
Temă
中国重阳节人们有赏菊花的习俗。罗马尼亚什么季节适合赏花？赏什么花？
În China, oamenii au obiceiul de a admira crizantemele la sărbătoarea *Chong yang*. În România în ce anotimp se admiră florile? Ce flori se admiră?

第 **10** 课　我忘拿钱包了。

Lecția 10　　　Mi-am uitat portofelul.

学习目标 Obiectivele învățării

1. 能进行简单的询价、支付等购物活动。Învățăm să întrebăm despre preț și plată, la cumpărături.

2. 学会用量词"块"修饰块状或某些片状的东西。Învățăm să folosim clasificatorul „块" împreună cu anumite cuvinte.

3. 学会用固定格式"还是……吧"表达经过思考有所选择。Deprindem utilizarea structurii „还是……吧" pentru a exprima o alegere.

4. 了解声旁"戋",能认读、书写汉字"钱"和"线"。Învățăm foneticul „戋"; citim și scriem caracterele „钱" și „线".

5. 了解汉语中的成语。Cunoaștem proverbele chinezești.

热身 Exercițiu introductiv 🎧 10-01

读一读，一起看看中国人常用的支付方式吧。Citiți pentru a afla despre metodele de plată folosite mai mult de către chinezi.

人民币
Rénmínbì
Renminbi

银行卡
yínhángkǎ
card bancar

钱包
qiánbāo
portofel

微信 支付
Wēixìn zhīfù
plata prin weixin

支付宝
Zhīfùbǎo
Alipay

手机
shǒujī
telefon mobil

93

售货员： shòuhuòyuán:	您 好！ 您 买 点儿 什么？ Nín hǎo! Nín mǎi diǎnr shénme?
埃列娜： Āiliènà:	您 好！ 我 想 买 三 块 草莓 蛋糕、 两 块 Nín hǎo! Wǒ xiǎng mǎi sān kuài cǎoméi dàngāo, liǎng kuài 巧克力 蛋糕。 qiǎokèlì dàngāo.
售货员： shòuhuòyuán:	好的， 这 是 您 的 蛋糕。 Hǎode, zhè shì nín de dàngāo.
埃列娜： Āiliènà:	一共 多少 钱？ Yígòng duōshao qián?
售货员： shòuhuòyuán:	一共 87 元。请问， 您 怎么 付 钱？ Yígòng bāshíqī yuán. Qǐngwèn, nín zěnme fù qián?
埃列娜： Āiliènà:	我 忘 拿 钱包 了。我 身上 有 80 元，还 Wǒ wàng ná qiánbāo le. Wǒ shēnshang yǒu bāshí yuán, hái 差 7 元。 chà qī yuán.
售货员： shòuhuòyuán:	您 也 可以 用 手机 付 钱。 Nín yě kěyǐ yòng shǒujī fù qián.
埃列娜： Āiliènà:	我 不 会 用 手机 付 钱。我 还是 少 买 一 块 Wǒ bú huì yòng shǒujī fù qián. Wǒ háishi shǎo mǎi yí kuài 蛋糕 吧。 dàngāo ba.

课文 2 Text 2 🎧 10-03

埃列娜: 爸爸，我 一会儿 可以 去 李 小北 家 玩儿 吗?
Āiliènà : Bàba, wǒ yíhuìr kěyǐ qù Lǐ Xiǎoběi jiā wánr ma?

爸爸: 写完 作业 了 吗?
Bàba : Xiěwán zuòyè le ma?

埃列娜: 还 差 一点儿。
Āiliènà : Hái chà yìdiǎnr.

爸爸: 你 还是 写完 作业 再 去 吧。
Bàba : Nǐ háishi xiěwán zuòyè zài qù ba.

埃列娜: 好的，爸爸。
Āiliènà : Hǎode, bàba.

爸爸: 走 的 时候 记得 关上 灯。地上 有 本 书，别
Bàba : Zǒu de shíhou jìde guānshang dēng. Dìshang yǒu běn shū, bié

忘了 放好。
wàngle fànghǎo.

埃列娜: 没 问题。
Āiliènà : Méi wèntí.

95

词语 Cuvinte 🎧 10-04

块
kuài
clasificator
(o bucată de)

草莓
cǎoméi
căpşună

巧克力
qiǎokèlì
ciocolată

付
fù
a plăti

拿
ná
a lua

身上
shēnshang
la tine, la mine,
la el (are asupra sa)

差
chà
a lipsi

走
zǒu
a merge

记得
jìde
a îşi aminti

关上
guānshang
a închide

地上
dìshang
pe jos, pe pământ

放
fàng
a pune

语言应用 Gramatică

- 量词：块 Clasificatorul „块"

量词"块"用于块状或某些片状的东西。Acest clasificator se foloseşte pentru substantive care indică obiecte cu formă plată.

例　一块蛋糕　　　　　　一块黑板　　　　　　一块手表

- 固定格式：还是……吧 Structura „还是……吧" - mai bine/totuşi...

固定格式"还是……吧"表示经过比较和考虑，作出选择。Structura „还是……吧" se foloseşte pentru a exprima o alegere în urma unei comparaţii sau evaluări.

例　① 我还是少买一块蛋糕吧。

② 你还是写完作业再去吧。

③ 爬山太累了，我们还是去博物馆吧。

活动与练习 Activități și exerciții

1 听录音，选择和听到的内容一致的句子。 Ascultați înregistrarea și alegeți propoziția identică cu ceea ce auziți. 🎧 10-05

（1）□ 埃列娜忘了拿钱包。　　□ 埃列娜打算去蛋糕店。

（2）□ 他买了一块儿蛋糕。　　□ 他买蛋糕还差 10 块钱。

（3）□ 他没有钱买东西。　　　□ 他用手机付了钱。

2 听录音，大声朗读。Ascultați înregistrarea și apoi citiți cu voce tare. 🎧 10-06

1 忘	**2** 记	**3** 付	**4** 差
忘了	记得	付钱	差钱
忘了打开	记得关灯	手机付钱	差多少钱
忘了打开门	记得关上灯	用手机付钱	差七块钱
别忘了打开门	你记得关上灯	不会用手机付钱	我差七块钱

3 选词填空。Completați spațiile libere.

A 忘　　**B** 差　　**C** 身上　　**D** 付　　**E** 记得　　**F** 关上

（1）A：汉字写完了吗？

　　B：没有，还 _____ 两个字。

（2）我们晚上去听京剧， _____ 带上门票。

（3）我今天 _____ 拿汉语书了。

（4）我不会用手机 _____ 钱。

（5）我出来的时候，忘了 _____ 门。

（6）我 _____ 有 40 块，还差 7 块。

4 想一想，下列图片中的物品用什么量词比较合适？请用合适的数量词描述图片内容。Gândiți-vă ce clasificator este potrivit pentru lucrurile din următoarele imagini. Descrieți imaginile folosind numeralele și clasificatorii potriviți.

例 三个学生

参考词语 Cuvinte ajutătoare

| 杯 | 件 | 口 | 本 |
| 条 | 块 | 瓶 | 位 |

5 看图，用"还是……吧"说一说你的选择。Faceți propoziții cu „还是…… 吧" pornind de la imagini.

例 从北京到上海坐高铁很快，还是坐高铁吧。

从北京到上海，坐飞机？坐高铁？坐火车？

去动物园，坐地铁？坐公共汽车？打车？开车？

今天的晚饭吃面包？吃蛋糕？吃面条？

星期六去看电影？听音乐？看电视？

放学后去打篮球？踢足球？游泳？

明天早上喝可乐？喝牛奶？喝水？

趣味小韵文 Să exersăm rimele 🎧 10-07

读一读，找一找每句话最后一个字的韵母是什么。Citiți și găsiți rima de la sfârșitul fiecărei propoziții.

付 钱
Fù qián

钱包 有 钱 真 不 少， 忘 带 身上 可 不 好。
Qiánbāo yǒu qián zhēn bù shǎo, wàng dài shēnshang kě bù hǎo.

打开 手机 不 会 付， 还 差 两 块 怎么 好？
Dǎkāi shǒujī bú huì fù, hái chà liǎng kuài zěnme hǎo?

前头 后头 没 找到， 还 得 回家 取 钱包。
Qiántou hòutou méi zhǎodào, hái děi huíjiā qǔ qiánbāo.

别 再 忘记 带 钱包， 下次 不 再 四 下 找。
Bié zài wàngjì dài qiánbāo, xiàcì bú zài sìxià zhǎo.

写一写 Exercițiu de scriere

● 声旁 Foneticul

戋

含有声旁"戋"的汉字，有时发"ian"音，例如"钱"和"线"。Caracterele chinezești care conțin foneticul „戋" conțin uneori sunetele „ian", de exemplu „钱" (qián) și „线" (xiàn).

钱	钱	钱	钱	钱	钱	钱	钱	钱
	钱	钱						

线	线	线	线	线	线	线	线	线

你知道吗？ Știați că?

成语
Proverbele chinezești

成语是汉语中的固定短语，富有深刻的思想内涵，简短精辟。成语多为四个字，也有三个字的或四个字以上的成语。

丢三落四
diūsān-làsì

Proverbele sunt expresii fixe din limba chineză, scurte și concise, dar cu un sens complex. Majoritatea proverbelor au patru caractere, dar există și proverbe de trei caractere sau cu mai mult de patru caractere.

任务　猜猜成语"丢三落四"是什么意思。
Ghiciți ce înseamnă proverbul 丢三落四 .

第六单元

年末安排

Unitatea

6

Pregătiri de sfârșit de an

单元自评 Exerciții de auto-evaluare

- **我会认 Recunosc următoarele** ☆☆☆☆☆

  上班　下班　开会　忙　　加班　一些　错　　页　　回答

  日期　后天　地点　新年　一定　包　　饺子

  祝　　礼物　可爱　龙　　因为　已经　中国通

- **我会说 Știu să spun** ☆☆☆☆☆

  ① 她早上八点上班，下午五点下班。

  ② 你看一下儿哪些题错了。

  ③ 我和家人会在中国过新年。

  ④ 这是我跟刘冬送你的新年礼物。

- **我会写 Știu să scriu** ☆☆☆☆☆

  ① 声旁"亡"：忙　忘

  　Foneticul „亡": caracterele 忙 și 忘

  ② 声旁"艮"：跟　很

  　Foneticul „艮": caracterele 跟 și 很

- **我知道 Cunosc** ☆☆☆☆☆

  ① 孔子

  　Confucius

  ② 春节

  　Sărbătoarea Primăverii

第 **11** 课 最近真的太忙了!

Lecția 11   Am fost foarte ocupat în ultima vreme!

学习目标 Obiectivele învățării

1. 能简单谈论学习和工作中的日程安排。Învățăm să discutăm despre programul zilnic de studiu și muncă.

2. 学会用"不用关联词的并列复句"叙述相关的几件事情或说明相关的几种情况。Deprindem utilizarea propozițiilor subordonate fără cuvinte de legătură pentru a descrie acțiuni sau situații înrudite.

3. 学会用"主谓短语作宾语"的结构进行表达。Deprindem utilizarea structurii „subiect + predicat cu rol de obiect".

4. 了解声旁"亡",能认读、书写汉字"忙"和"忘"。Învățăm foneticul „ 亡 "; citim și scriem caracterele „ 忙 " și „ 忘 ".

5. 了解中国著名的教育家、思想家孔子。Învățăm despre Confucius, renumit pedagog și gânditor chinez.

热身 Exercițiu introductiv 🎧 11-01

读一读,给下面图片和对应的时间词语连线。Citiți și legați printr-o linie cuvintele cu perioadele de timp corespunzătoare, din imaginile de mai jos.

上午
shàngwǔ

晚上
wǎnshang

早上
zǎoshang

下午
xiàwǔ

12 月　16 日　　　　　　　　　　　　　　　　星期四　　阴
Shí'èryuè shíliù　rì　　　　　　　　　　　　　　Xīngqīsì　　yīn

　　我 的 妈妈 在 北京 工作。她 每天 七 点 起床，七
　　Wǒ de māma zài Běijīng gōngzuò. Tā měi tiān qī diǎn qǐchuáng, qī

点 十分 洗脸 和 刷牙，七点 半 吃 早饭。她 早上 八 点
diǎn shí fēn xǐliǎn hé shuāyá, qī diǎn bàn chī zǎofàn. Tā zǎoshang bā diǎn

上班，下午 五 点 下班。她 每天 要 打 很 多 电话，有
shàngbān, xiàwǔ wǔ diǎn xiàbān. Tā měi tiān yào dǎ hěn duō diànhuà, yǒu

时候 还 要 开会。最近，妈妈 非常 忙，晚上　常常
shíhou hái yào kāihuì. Zuìjìn, māma fēicháng máng, wǎnshang chángcháng

加班。
jiābān.

课文 2 Text 2 🎧 11-03

李小北：　你 的 汉语 考试　怎么样？
Lǐ Xiǎoběi：　Nǐ　de　Hànyǔ　kǎoshì　zěnmeyàng?

埃列娜：　不 太 好。有 一些 错 了，还 有 一页 没 时间 回答。
Āiliènà：　Bú　tài　hǎo.　Yǒu　yìxiē　cuò　le,　hái　yǒu　yí　yè　méi　shíjiān　huídá.

李小北：　没 关系。你 看 一下儿 哪些 题 错 了，我们
Lǐ Xiǎoběi：　Méi　guānxi.　Nǐ　kàn　yíxiàr　nǎxiē　tí　cuò　le,　wǒmen

　　　　　　明天　一起 去 问 老师。
　　　　　　míngtiān　yìqǐ　qù　wèn　lǎoshī.

埃列娜：　好 的。你 知道 英语 考试 的 日期 吗？最近 考试
Āiliènà：　Hǎode.　Nǐ　zhīdào　yīngyǔ　kǎoshì　de　rìqī　ma?　Zuìjìn　kǎoshì

　　　　　　太 多，我 忘 了。
　　　　　　tài　duō,　wǒ　wàng　le.

李小北：　我 记得，英语 考试 是 在　23　号 下午。
Lǐ Xiǎoběi：　Wǒ　jìde,　yīngyǔ　kǎoshì　shì　zài　èrshísān　hào　xiàwǔ.

埃列娜：　那 是 后天 下午。考试 地点 呢？
Āiliènà：　Nà　shì　hòutiān　xiàwǔ.　Kǎoshì　dìdiǎn　ne?

李小北：　在 教学楼　301　教室。
Lǐ Xiǎoběi：　Zài　jiàoxuélóu　sān　líng　yāo　jiàoshì.

埃列娜：　好 的，我 记住 了，谢谢 小北！
Āiliènà：　Hǎode,　wǒ　jìzhù　le,　xièxie　xiǎoběi!

李小北：　别客气！最近 真 的 太 忙 了！
Lǐ Xiǎoběi：　Bié　kèqi!　Zuìjìn　zhēn　de　tài　máng　le!

词语 Cuvinte 🎧 11-04

上班
shàngbān
a merge la serviciu

下班
xiàbān
a ieşi de
la serviciu

开会
kāihuì
a avea o şedinţă

忙
máng
a fi ocupat

加班
jiābān
a lucra
peste program

一些
yìxiē
nişte

错
cuò
greşit

页
yè
pagină

回答
huídá
a răspunde

日期
rìqī
dată

地点
dìdiǎn
loc

后天
hòutiān
poimâine

语言应用 Gramatică

- ### 不用关联词的并列复句 Propoziţii coordonate fără conjuncţie

并列复句由两个或两个以上的分句并列组合而成，这些分句叙述相关的几件事情，或说明相关的几种情况。这种复句可以不用关联词。O frază este formată prin îmbinarea a două sau mai multe propoziţii care exprimă lucruri care se leagă unele de celelalte sau care se explicitează reciproc. În asemenea situaţii se pot omite cuvintele de legătură.

例 ① 妈妈早上八点上班，下午五点下班。

② 我喜欢看电视，弟弟喜欢打球。

③ 今天放假，爸爸妈妈在家休息，我和朋友去爬山。

- ### 主谓短语作宾语 Structura Subiect – Predicat cu rolul de Obiect

主谓短语作宾语时，动词常常是表示感觉或心理活动的词语，如"说""想""看""觉得""忘"等。Când structura Subiect – Predicat se foloseşte cu rolul de Obiect, predicatul propoziţiei este exprimat prin verbe de tipul „说"，„想"，„看"，„觉得"，„忘".

主语 Subiect	谓语 Predicat	宾语（主谓短语）Obiect (Structura Subiect Predicat)
你	看一下儿	哪些题错了。
我	觉得	这次考试太难了。
他	忘了	今天是星期六。

活动与练习 Activități și exerciții

1 听录音，选择和听到的内容一致的句子。Ascultați înregistrarea și alegeți propoziția identică cu ceea ce auziți. 🎧 11-05

（1）□ 他们每天工作 8 个小时。　　□ 他们下午 5 点到家。

（2）□ 这次考试有很多题。　　□ 这次考试我做错了很多题。

（3）□ 后天上午有英语考试。　　□ 后天下午有英语考试。

2 听录音，大声朗读。Ascultați înregistrarea și apoi citiți cu voce tare. 🎧 11-06

1
上班
妈妈上班
忘了打开
妈妈早上九点上班

2
开会
我开会
我要开会
我明天要开会

3
日期
考试日期
开会日期
见面日期

4
地点
考试地点
开会地点
见面地点

5
错
回答错
写错
做错

6
哪些
哪些人
哪些地方
哪些国家

3 选词填空。Completați spațiile libere.

A 上班　　**B** 忙　　**C** 地点　　**D** 页　　**E** 错　　**F** 哪些

（1）老师现在很 _____。

（2）妈妈早上九点 _____。

（3）你们班 _____ 人想学画画儿？

（4）这次考试我写 _____ 了很多题。

（5）你们见面的 _____ 在哪儿？

（6）这本书一共有 100 _____。

4 爸爸妈妈辛苦了！ **Mama și tata muncesc din greu!**

请采访一下你的爸爸和妈妈，记录他们一天的时间安排。完成表格后，试着用完整的句子叙述你爸爸妈妈的一天。

Ia un interviu mamei și tatălui tău și notează programul lor zilnic. După ce ai completat tabelul, încearcă să povestești ce fac ei, folosind propoziții complete.

人物	几点起床？	几点洗脸刷牙？	几点上班？	几点下班？	几点到家？
爸爸					
妈妈					

例 我的爸爸每天早上六点起床，六点半洗脸刷牙，八点上班，五点下班，六点到家。

5 大家别忘了！ **Nu uitați!**

请根据表中的考试安排，告诉同学们什么日期、什么地点、有什么考试。请告诉大家别忘了参加考试。

Spune-le colegilor în ce dată și în ce loc se va desfășura un anumit examen, conform tabelului. Spune-le să nu uite să se prezinte la examen.

科目	日期	时间	地点
汉语	6 月 18 号	10:00	302 教室
数学	6 月 18 号	14:30	201 教室
英语	6 月 19 号	10:00	305 教室
历史	6 月 19 号	14:30	103 教室

例 6 月 18 号上午 10 点，在 302 教室有汉语考试。请大家记住/大家别忘了。

趣味小韵文 Să exersăm rimele 🎧 11-07

读一读，找一找每句话最后一个字的韵母是什么。Citiți și găsiți rima de la sfârșitul fiecărei propoziții.

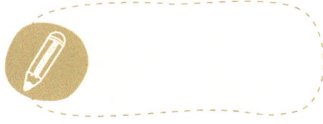

考试
Kǎoshì

期末 考试 很 重要，考试 日期 别 忘记。
Qīmò kǎoshì hěn zhòngyào, kǎoshì rìqī bié wàngjì.

考 前 努力 来 复习，多 读 多 做 练习题。
Kǎo qián nǔlì lái fùxí, duō dú duō zuò liànxítí.

不 会 就 要 问 老师，考 后 才 有 好 成绩。
Bú huì jiù yào wèn lǎoshī, kǎo hòu cái yǒu hǎo chéngjì.

学习 不要 太 疲劳，注意 早睡 和 早起。
Xuéxí búyào tài píláo, zhùyì zǎoshuì hé zǎoqǐ.

写一写 Exercițiu de scriere

• 声旁 Foneticul

亡

含有声旁"亡"的汉字，常常发"mang"或"wang"音，例如"忙"和"忘"。Caracterele chinezești care conțin foneticul „亡" sunt adesea pronunțate ca „mang" sau „wang", cum ar fi „忙" (máng) și „忘" (wàng).

忙	忙	忙	忙	忙	忙	忙	

忘	忘	忘	忘	忘	忘	忘	

孔子
Confucius

孔子是中国著名的思想家和教育家，他的思想对后世的教育活动产生了深远的影响。

Confucius este un filozof și pedagog chinez renumit, iar gândirea sa a avut un impact profund asupra activităților educaționale ulterioare.

任务 Temă 孔子说过"学而时习之，不亦说乎？"这句话是什么意思呢？请上网查一查吧。
Confucius a spus: „Învață și repetă ceea ce ai învățat la timpul potrivit. Nu este aceasta oare o mare bucurie?" Ce înseamnă această cugetare? Te rog să cauți pe internet.

第 **12** 课　我和家人会在中国过新年。

Lecția 12　Eu și familia vom petrece Anul Nou în China.

学习目标 Obiectivele învățării

1. 能进行邀约、赠送礼物等朋友交往活动。Învățăm să adresăm invitații și să oferim cadouri prietenilor.

2. 学会用连词"跟"表示联合关系。Deprindem utilizarea conjuncției „ 跟 ".

3. 学会用能愿动词"会"表示可能。Deprindem utilizarea verbului „ 会 " pentru a exprima posibilitatea.

4. 了解声旁"艮"，能认读、书写汉字"跟"和"很"。Învățăm foneticul „ 艮 "; citim și scriem caracterele „ 跟 " și „ 很 ".

5. 了解中国春节的一些习俗。Cunoaștem obiceiurile de Sărbătoarea Primăverii în China.

热身 Exercițiu introductiv 🎧 12-01

读一读下面的节日名称，并选择对应的图片。Citiți numele sărbătorilor de mai jos și alegeți imaginile corespunzătoare.

圣诞节 Shèngdànjié Crăciun	复活节 Fùhuójié Paște	儿童节 Értóngjié Ziua Copilului
————	————	————
重阳节 Chóngyángjié Sărbătoarea Chongyang	中秋节 Zhōngqiūjié Festivalul Mijlocului Toamnei	春节 Chūnjié Anul Nou Chinezesc
————	————	————

李小北： 埃列娜，放假 以后 你 要 回 罗马尼亚 吗?
Lǐ Xiǎoběi： Āiliènà, fàngjià yǐhòu nǐ yào huí Luómǎníyà ma?

埃列娜： 我 今年 不 回去。我 和 家人 会 在 中国 过
Āiliènà： Wǒ jīnnián bù huíqu. Wǒ hé jiārén huì zài Zhōngguó guò

新年。
xīnnián.

李小北： 真 的 吗? 你 一定 会 觉得 很 有 意思。
Lǐ Xiǎoběi： Zhēn de ma? Nǐ yídìng huì juéde hěn yǒu yìsi.

刘 冬： 我们 可以 一起 过 新年。
Liú Dōng： Wǒmen kěyǐ yìqǐ guò xīnnián.

埃列娜： 我 想 学 包 饺子。
Āiliènà： Wǒ xiǎng xué bāo jiǎozi.

李小北： 没 问题，我们 教 你。
Lǐ Xiǎoběi： Méi wèntí, wǒmen jiāo nǐ.

课文 2 Text 2 🎧 12-03

南锣鼓巷

李小北： 祝 你 新年 快乐！ 这 是 我 跟 刘冬 送 你 的
Lǐ Xiǎoběi： Zhù nǐ xīnnián kuàilè! Zhè shì wǒ gēn Liú Dōng sòng nǐ de

新年 礼物。
xīnnián lǐwù.

埃列娜： 谢谢， 新年 快乐！ 这 个 娃娃 真 可爱！ 这 是
Āiliènà： Xièxie, xīnnián kuàilè! Zhè ge wáwa zhēn kě'ài! Zhè shì

龙 吗？
lóng ma?

刘冬： 是的， 你 真 聪明！
Liú Dōng： Shìde, nǐ zhēn cōngming!

埃列娜： 因为 我 知道 今年 是 中国 的 龙年。
Āiliènà： Yīnwèi wǒ zhīdào jīnnián shì Zhōngguó de Lóngnián.

李小北： 你 已经 是 一 个 " 中国通 " 了！
Lǐ Xiǎoběi： Nǐ yǐjīng shì yí ge "Zhōngguótōng" le!

埃列娜： 因为 我 有 两 个 很 棒 的 中国 朋友！
Āiliènà： Yīnwèi wǒ yǒu liǎng ge hěn bàng de Zhōngguó péngyou!

词语 Cuvinte 🎧 12-04

新年
xīnnián
Anul Nou

一定
yídìng
neapărat

包
bāo
a împacheta

饺子
jiǎozi
jiaozi

祝
zhù
a ura

中国通
Zhōngguótōng
bun cunoscător la
Chinei, specialist
în China

礼物
lǐwù
cadou

可爱
kě'ài
drăguț

龙
lóng
dragon

因为
yīnwèi
pentru că

已经
yǐjīng
deja

语言应用 Gramatică

● 能愿动词：会（表示可能）Verbul modal „会" (exprimă posibilitatea)

能愿动词"会"表示事情有可能实现。否定用"不会"。Verbul modal „会" exprimă faptul că este probabil ca un lucru să se petreacă. Forma negativă este „ 不会".

例 ① 我和家人会在中国过新年。

② 你一定会觉得很有意思。

③ 他生病了，今天不会来学校了。

④ 明天是晴天，不会下雨。

● 连词：跟 Conjuncția „跟" (cu, și)

连词"跟"表示平等的联合关系，意同"和"，一般连接名词、代词，多用于口语。Conjuncția „跟" exprimă asocierea, la fel ca și conjuncția „ 和". În general, leagă substantive, pronume și se folosește de regulă în limba vorbită.

例 ① 埃列娜跟米哈伊都是罗马尼亚人。

② 汉语书跟英语书都在桌子上。

③ 这是李小北跟刘冬送的礼物。

活动与练习 Activități și exerciții

1 听录音，选择和听到的内容一致的句子。Ascultați înregistrarea și alegeți propoziția identică cu ceea ce auziți. 🎧 12-05

（1）□ 哥哥看过这个电影。　　　□ 这个电影很好看。

（2）□ 他想在北京过新年。

　　　□ 他已经三年没有回罗马尼亚了。

（3）□ 我很喜欢妈妈送我的礼物。　　□ 我想要一只可爱的小狗。

2 听录音，大声朗读。Ascultați înregistrarea și apoi citiți cu voce tare. 🎧 12-06

1
过
过新年
和家人过新年
和家人在北京过新年

2
送
送礼物
送我礼物
送我一个礼物

3
祝
祝快乐
祝你们快乐
祝你们新年快乐

4
有意思
很有意思
觉得很有意思
会觉得很有意思

3 选词填空。Completați spațiile libere.

A 已经　　**B** 跟　　**C** 送　　**D** 过　　**E** 因为　　**F** 会

（1）我们明天一起 _____ 复活节（Fùhuójié，Paște）。

（2）我 _____ 家人一起去上海旅游。

（3）我 _____ 学习汉语三年了。

（4）我昨天没来，_____ 我生病了。

（5）你后天 _____ 去动物园吗？

（6）这是我 _____ 你的新年礼物。

4 节日快乐！ *Sărbători fericite!*

下面是中国和罗马尼亚一些非常重要的节日。老师展示节日相关的图片，同学们用
"祝你……快乐！"说一说节日祝福。看谁说得又快又准确。
**Iată câteva sărbători foarte importante din China şi România. Profesorul
arată imagini legate de sărbători, iar elevii folosesc expresia „祝你……快乐!"
Învăţaţi urări de sărbători. Cine le poate spune repede şi corect?**

春节	中秋节	圣诞节
Chūnjié	Zhōngqiūjié	Shèngdànjié
Anul Nou Chinezesc	Festivalul Mijlocului Toamnei	Crăciun

复活节	国庆节	儿童节
Fùhuójié	Guóqìngjié	Értóngjié
Paşte	Ziua Naţionlă	Ziua Copilului

例 祝你春节快乐！

5 一起来学唱这首歌吧！希望过新年的时候，同学们可以在家人面前演唱这首新年祝
福歌曲。**Să învăţăm să cântăm împreună! Sperăm că îi veţi putea cânta acest
cântec familiei voastre, de Anul Nou.**

新年好

新年好呀！新年好呀！祝福大家新年好。

我们唱歌，我们跳舞。祝福大家新年好。

我和家人会在中国过新年。
Eu și familia vom petrece Anul Nou în China.

第12课

趣味小韵文 Să exersăm rimele 🎧 12-07

读一读，找一找每句话最后一个字的韵母是什么。Citiți și găsiți rima de la sfârșitul fiecărei propoziții.

春节
Chūnjié

三十 晚上 吃 饺子， 各种 美食 味道 香。
Sānshí wǎnshang chī jiǎozi, gèzhǒng měishí wèidào xiāng.

小年 除夕 元宵夜，吃 的 天天 不 重样。
Xiǎonián chúxī yuánxiāoyè, chī de tiāntiān bù chóngyàng.

天坛 地坛 逛 庙会，舞 龙 舞 狮 喜洋洋。
Tiāntán Dìtán guàng miàohuì, wǔ lóng wǔ shī xǐyángyáng.

穿上 新衣 去 拜年，阖家 幸福 又 吉祥。
Chuānshang xīnyī qù bàinián, héjiā xìngfú yòu jíxiáng.

写一写 Exercițiu de scriere

● 声旁 Foneticul

艮

含有声旁"艮"的汉字，有时发"en"音，例如"跟"和"很"。Caracterele chinezești care conțin foneticul „艮" conțin adesea sunetele „en", cum ar fi „跟" (gēn) și „很" (hěn).

跟 | 跟 | 跟 | 跟 | 跟 | 跟 | 跟 | 跟 | 跟
跟 | 跟 | 跟 | 跟 | 跟

很 | 很 | 很 | 很 | 很 | 很 | 很 | 很 | 很
很

你知道吗？ Știați că?

春节
Sărbătoarea Primăverii

春节是中国的农历新年。农历一年的最后一天叫"除夕"。"过春节"又叫"过年"。过年的时候，人们会扫尘、贴春联、吃年夜饭，还会有舞龙、舞狮和逛庙会等活动。

Sărbătoarea Primăverii este Anul Nou din calendarul lunar chinezesc. Ultima zi a anului lunar este numită „ajun". Să petreci Sărbătoarea Primăverii se mai numește și „să petreci Anul Nou". De Anul Nou chinezesc, oamenii fac curățenie, lipesc cuplete cu urări de bine, se strâng la masă pentru cina de Anul Nou și participă la dansul dragonului și al leului sau merg la târgurile de sărbătoare.

任务 Temă 上网找一找，给图片中的新年活动选择正确的词语。
Caută pe internet ce înseamnă aceste cuvinte și legați-le cu o linie de imaginile cu activități de Anul Nou.

A 扫尘 sǎo chén	B 贴春联 tiē chūnlián	C 年夜饭 niányèfàn	D 舞狮 wǔ shī	E 逛庙会 guàng miàohuì

复习课 2
Recapitulare 2

1 朗读短文并回答问题。Citiți textul cu voce tare și răspundeți la întrebări. F2-01

埃列娜 在 北京 的 生活 和学习
Āiliènà zài Běijīng de shēnghuó hé xuéxí

埃列娜 每 天 骑 自行车 去 学校。她 有时候 也 打车
Āiliènà měi tiān qí zìxíngchē qù xuéxiào. Tā yǒushíhou yě dǎchē

去 学校。北京 跟 布加勒斯特 一样， 经常 堵车。一天，
qù xuéxiào. Běijīng gēn Bùjiālèsītè yíyàng, jīngcháng dǔchē. Yìtiān,

埃列娜 迟到 了。因为 去 学校 的 路上， 她 帮助了 一 位
Āiliènà chídào le. Yīnwèi qù xuéxiào de lùshang, tā bāngzhùle yí wèi

老人 过 马路。老师 说 埃列娜 "助人为乐"， 她 非常
lǎorén guò mǎlù. Lǎoshī shuō Āiliènà "zhùrén-wéilè", tā fēicháng

高兴。埃列娜 学习 很 认真。有时候 作业 很 难， 她 就 去
gāoxìng. Āiliènà xuéxí hěn rènzhēn. Yǒushíhou zuòyè hěn nán, tā jiù qù

问 老师。她 还 喜欢 读书， 她 觉得 读书 很 有用。但是，
wèn lǎoshī. Tā hái xǐhuan dúshū, tā juéde dúshū hěn yǒuyòng. Dànshì,

埃列娜 不 经常 去 图书馆，因为 她 喜欢 一边 看书，
Āiliènà bù jīngcháng qù túshūguǎn, yīnwèi tā xǐhuan yìbiān kàn shū,

一边 听 音乐。
yìbiān tīng yīnyuè.

（1）埃列娜每天怎么去学校？

（2）北京经常堵车吗？

（3）埃列娜为什么迟到了？

（4）埃列娜为什么不喜欢去图书馆？

妈妈 工作 很 忙
Māma gōngzuò hěn máng

埃列娜 的 妈妈 很 忙。她 每 天 工作 九 个 小时，
Āiliènà de māma hěn máng. Tā měi tiān gōngzuò jiǔ ge xiǎoshí,

有时候 还 要 加班。有 一天，爸爸 不 在家，妈妈 还 没有
yǒushíhou hái yào jiābān. Yǒu yìtiān, bàba bú zàijiā, māma hái méiyǒu

回家。埃列娜 先 去 商店 买 一点儿 东西。她 想 买 五
huíjiā. Āiliènà xiān qù shāngdiàn mǎi yìdiǎnr dōngxi. Tā xiǎng mǎi wǔ

块 蛋糕，一共 87 块 钱。她 身上 的 钱 不 多，还
kuài dàngāo, yígòng bāshíqī kuài qián. Tā shēnshang de qián bù duō, hái

差 几块。因为 她 不会 用 手机 付钱，所以 就 少 买了
chà jǐ kuài. Yīnwèi tā bú huì yòng shǒujī fù qián, suǒyǐ jiù shǎo mǎile

一些。埃列娜 回家 了。 关上 的 门 怎么 打开 了？是
yìxiē. Āiliènà huíjiā le. Guānshang de mén zěnme dǎkāi le? Shì

爸爸 妈妈 回来 了！
bàba māma huílai le!

（1）妈妈每天工作多长时间？

（2）埃列娜买了几块蛋糕？一共多少钱？

（3）埃列娜身上的钱不多，怎么办？

（4）关上的门为什么打开了？

考试 和 新年
Kǎoshì hé xīnnián

埃列娜 有 汉语 考试，但是 她 忘了 考试 的 日期 和
Āiliènà yǒu Hànyǔ kǎoshì, dànshì tā wàngle kǎoshì de rìqī hé

地点，她 问 了 李 小北。考试 的 时候，埃列娜 错 了 很
dìdiǎn, tā wènle Lǐ Xiǎoběi. Kǎoshì de shíhou, Āiliènà cuòle hěn

多，还 有 一 页 没 时间 回答，因为 那些 她 没 学 过，太
duō, hái yǒu yí yè méi shíjiān huídá, yīnwèi nàxiē tā méi xuéguo, tài

难 了。李 小北 说 没关系，可以 一起 去 问一问 老师。
nán le. Lǐ Xiǎoběi shuō méi guānxi, kěyǐ yìqǐ qù wènyǐwèn lǎoshī.

　　新年 到 了！埃列娜 和 她 的 家人 会 在 北京 过
　　Xīnnián dào le! Āiliènà hé tā de jiārén huì zài Běijīng guò

新年。过年 的 时候，埃列娜 和 朋友们 去 玩儿，李 小北
xīnnián. Guònián de shíhou, Āiliènà hé péngyoumen qù wánr, Lǐ Xiǎoběi

跟 刘冬 送了 埃列娜 一 个 可爱 的 中国 龙 玩具。
gēn Liú Dōng sòngle Āiliènà yí ge kě'ài de Zhōngguó Lóng wánjù.

他们 还 跟 埃列娜 说 了 "新年 快乐！"
Tāmen hái gēn Āiliènà shuōle "xīnnián kuàilè! "

（1）谁告诉了埃列娜考试的日期和地点？

（2）埃列娜的汉语考试怎么样？

（3）埃列娜和家人要回罗马尼亚过新年吗？

（4）李小北和刘冬送了埃列娜什么礼物？

2 听录音，选择和听到的内容一致的句子。Ascultați înregistrarea și alegeți propoziția identică cu ceea ce auziți. 🎧 F2-02

（1）☐ 这本书可以帮助我学习汉语。　☐ 学习汉语很有用。

（2）☐ 妈妈今天晚上要加班。　☐ 妈妈今天上了 8 个小时的班。

（3）☐ 她喜欢学习汉语。　☐ 她不喜欢学习汉语。

（4）□ 埃列娜没拿书包。　　　　□ 埃列娜现在在车上。

（5）□ 我们还有一块巧克力蛋糕。　　□ 巧克力蛋糕已经没有了。

（6）□ 他觉得开车上班跟坐地铁上班一样快。

　　□ 他觉得开车上班比坐地铁上班慢。

3 仔细观察下面两组图片，说一说哪里一样，哪里不一样。Priviți cu atenție cele
două imagini de mai jos și găsiți asemănările și diferențele.

| 参考词语 Cuvinte ajutătoare |

树	苹果	花	动物	衣服	裤子	头发
眼睛	鼻子	嘴	手	颜色	高	大
多						

例　（1）A 和 B 的树颜色一样。

　　（2）A 和 B 的树不一样。

　　（3）A 和 B 的树一样高。

4 小提示。**Nu uita!**

我们每天都有很多事情要做。最近你、家人或朋友有没有忘了做什么？请根据最近忘记的事，给自己或他人写一个小提示，希望不要再忘了做这些事。

Toți avem o mulțime de lucruri de făcut în fiecare zi. În ultima vreme, tu, cineva de la tine din familie sau un prieten ați uitat să faceți ceva? Scrieți o propoziție despre ceea ce ați uitat să faceți, tu sau altcineva, ca să nu uitați din nou!

忘了做什么？ Ce am uitat să fac?	小提示 Adu-ți aminte!
我忘了吃早饭。	记得吃早饭！

5 仿例，根据提示，写出声旁和含有该声旁的汉字。**Pornind de la exemple, scrieți caracterele chinezești care conțin sunetele date.**

钱	孩	昨	跟	忙	该
样	线	作	很	养	忘

en 艮 跟 很

ang

iang

ai

ian

zh/z

生词表
Vocabular

A

生词 cuvânt	拼音 pronunție	课号 lecție	译文 traducere	生词 cuvânt	拼音 pronunție	课号 lecție	译文 traducere
阿姨	āyí	6	mătușă, tanti				

B

生词 cuvânt	拼音 pronunție	课号 lecție	译文 traducere	生词 cuvânt	拼音 pronunție	课号 lecție	译文 traducere
帮	bāng	1	a ajuta	不好意思	bù hǎoyìsi	3	Mă scuzați!
帮助	bāngzhù	9	a ajuta	不见	bújiàn	1	nu (îl) găsesc, a dispărut
包	bāo	12	a împacheta				
博物馆	bówùguǎn	5	muze u				
不错	búcuò	2	bine, bun	不用	búyòng	3	Nu este nevoie!
不大	bú dà	3	a nu fi mare				

C

生词 cuvânt	拼音 pronunție	课号 lecție	译文 traducere	生词 cuvânt	拼音 pronunție	课号 lecție	译文 traducere
草莓	cǎoméi	10	căpșună	车	chē	8	mașină
差	chà	10	a lipsi	迟到	chídào	9	a întârzia
长寿面	chángshòu miàn	4	tăiței de viață lungă (serviți de ziua de naștere)	从	cóng	1	de la
				错	cuò	11	greșit

D

生词 cuvânt	拼音 pronunţie	课号 lecţie	译文 traducere
打算	dǎsuàn	5	a plănui
大学	dàxué	4	universitate
蛋糕	dàngāo	4	tort
得到	dédào	9	a obţine
地	de	4	particulă
地点	dìdiǎn	11	loc
地上	dìshang	10	pe jos, pe pământ

生词 cuvânt	拼音 pronunţie	课号 lecţie	译文 traducere
第	dì	5	prefix
动作	dòngzuò	6	mişcare, acţiune
堵车	dǔchē	8	ambuteiaj
对了	duìle	2	aşa este, corect

F

生词 cuvânt	拼音 pronunţie	课号 lecţie	译文 traducere
放	fàng	10	a pune
放假	fàngjià	2	a lua vacanţă

生词 cuvânt	拼音 pronunţie	课号 lecţie	译文 traducere
风	fēng	3	vânt
付	fù	10	a plăti

G

生词 cuvânt	拼音 pronunţie	课号 lecţie	译文 traducere
关上	guānshang	10	a închide
国家	guójiā	1	ţară
国外	guó wài	2	în străinătate

生词 cuvânt	拼音 pronunţie	课号 lecţie	译文 traducere
过	guò	4	particulă modală
过	guò	9	a trece, a traversa

H

生词 cuvânt	拼音 pronunţie	课号 lecţie	译文 traducere
好看	hǎokàn	6	frumos
后天	hòutiān	11	poimâine
坏	huài	8	a se strica, rău

生词 cuvânt	拼音 pronunţie	课号 lecţie	译文 traducere
还	hái	4	încă, mai
还	huán	3	a returna
回答	huídá	11	a răspunde

J

生词 cuvânt	拼音 pronunție	课号 lecție	译文 traducere	生词 cuvânt	拼音 pronunție	课号 lecție	译文 traducere
记得	jìde	10	a își aminti	教学楼	jiàoxuélóu	1	clădirea cu săli de clasă
记住	jìzhù	9	a ține minte	介绍	jièshào	7	a prezenta
加班	jiābān	11	a lucra peste program	借	jiè	3	a împrumuta
饺子	jiǎozi	12	jiaozi	进去	jìnqu	6	a intra
教室	jiàoshì	1	sală de clasă	剧院	jùyuàn	6	teatru

K

生词 cuvânt	拼音 pronunție	课号 lecție	译文 traducere	生词 cuvânt	拼音 pronunție	课号 lecție	译文 traducere
开会	kāihuì	11	a avea o ședință	可爱	kě'ài	12	drăguț
开玩笑	kāi wánxiào	5	a glumi	渴	kě	3	a-i fi sete
看见	kànjiàn	7	a vedea	块	kuài	10	clasificator (o bucată de)

L

生词 cuvânt	拼音 pronunție	课号 lecție	译文 traducere	生词 cuvânt	拼音 pronunție	课号 lecție	译文 traducere
来到	láidào	1	a veni, a sosi	留学生	liúxuéshēng	4	student străin, student internațional
老人	lǎorén	9	bătrân	龙	lóng	12	lóng dragon
礼物	lǐwù	12	cadou	路口	lùkǒu	8	intersecție
凉快	liángkuai	3	răcoare	路上	lùshang	9	pe stradă

M

生词 cuvânt	拼音 pronunție	课号 lecție	译文 traducere	生词 cuvânt	拼音 pronunție	课号 lecție	译文 traducere
马上	mǎshàng	3	imediat	门票	ménpiào	6	bilet de intrare
忙	máng	11	a fi ocupat	面条儿	miàntiáor	4	tăieței
没	méi	3	nu	明白	míngbai	3	a înțelege
没什么	méi shénme	1	nu face nimic				

N

生词 cuvânt	拼音 pronunție	课号 lecție	译文 traducere	生词 cuvânt	拼音 pronunție	课号 lecție	译文 traducere
拿	ná	10	a lua	那边	nàbiān	7	acolo
哪些	nǎxiē	2	care (dintre ei, ele)				

P

生词 cuvânt	拼音 pronunție	课号 lecție	译文 traducere	生词 cuvânt	拼音 pronunție	课号 lecție	译文 traducere
跑步	pǎobù	8	a alerga	瓶	píng	3	sticlă

Q

生词 cuvânt	拼音 pronunție	课号 lecție	译文 traducere	生词 cuvânt	拼音 pronunție	课号 lecție	译文 traducere
骑	qí	8	a călări, a merge cu bicicleta	钱包	qiánbāo	1	portofel
				巧克力	qiǎokèlì	10	ciocolată

R

生词 cuvânt	拼音 pronunție	课号 lecție	译文 traducere	生词 cuvânt	拼音 pronunție	课号 lecție	译文 traducere
认真	rènzhēn	4	serios, harnic	日期	rìqī	11	dată

S

生词 cuvânt	拼音 pronunție	课号 lecție	译文 traducere	生词 cuvânt	拼音 pronunție	课号 lecție	译文 traducere
商量	shāngliang	2	a se sfătui	书包	shūbāo	7	ghiozdan
上班	shàngbān	11	a merge la serviciu	树	shù	3	copac, pom
				说话	shuōhuà	3	a vorbi
身上	shēnshang	10	la tine, la mine, la el (are asupra sa)	送	sòng	6	a dărui, a face cadou

T

生词 cuvânt	拼音 pronunție	课号 lecție	译文 traducere	生词 cuvânt	拼音 pronunție	课号 lecție	译文 traducere
题	tí	7	întrebare, exercițiu	停	tíng	8	a opri
条	tiáo	8	clasificator	图书馆	túshūguǎn	4	bibliotecă
听说	tīngshuō	5	a auzit spunându-se				

W

生词 cuvânt	拼音 pronunție	课号 lecție	译文 traducere	生词 cuvânt	拼音 pronunție	课号 lecție	译文 traducere
外国人	wàiguórén	2	străin	文化	wénhuà	7	cultură
晚	wǎn	9	târziu	问题	wèntí	8	întrebare, problemă
忘	wàng	8	a uita	舞台	wǔtái	6	scenă
位	wèi	6	clasificator pentru persoane (politicos)				

X

生词 cuvânt	拼音 pronunție	课号 lecție	译文 traducere	生词 cuvânt	拼音 pronunție	课号 lecție	译文 traducere
洗手间	xǐshǒujiān	1	toaletă, WC	想	xiǎng	5	a se gândi
下班	xiàbān	11	a ieși de la serviciu	笑	xiào	5	a râde
下车	xià chē	8	a coborî din mașină	新年	xīnnián	12	Anul Nou
先生	xiānsheng	6	domn				

Y

生词 cuvânt	拼音 pronunție	课号 lecție	译文 traducere	生词 cuvânt	拼音 pronunție	课号 lecție	译文 traducere
演员	yǎnyuán	6	actor	一些	yìxiē	11	niște
页	yè	11	pagină	已经	yǐjīng	12	deja
一半	yíbàn	7	jumătate	以后	yǐhòu	4	după aceea
一边	yìbiān	7	(pe) de o parte	因为	yīnwèi	12	pentru că
一点儿	yìdiǎnr	3	puțin (cantitativ)	阴	yīn	6	înnorat
一定	yídìng	12	neapărat	应该	yīnggāi	9	ar trebui
一会儿	yìhuìr	9	imediat (temporal)	有的	yǒude	7	unii, unele
				有时候	yǒushíhou	8	uneori
一下儿	yíxiàr	1	puțin (perioadă scurtă de timp)	有用	yǒuyòng	7	util

Z

生词 cuvânt	拼音 pronunție	课号 lecție	译文 traducere	生词 cuvânt	拼音 pronunție	课号 lecție	译文 traducere
在家	zàijiā	7	acasă	中学	zhōngxué	1	gimnaziu și liceu
早	zǎo	8	devreme	助人为乐	zhùrén-wéilè	9	a ajuta din plăcere
站	zhàn	4	stație	祝	zhù	12	a ura
照	zhào	5	a fotografia	着	zhe	6	particulă aspectuală
照片	zhàopiàn	5	fotografie	走	zǒu	10	a merge
这边	zhèbiān	6	aici	最好	zuìhǎo	2	cel mai bine
这里	zhèli	3	aici				
这些	zhèxiē	6	acestea				
中国通	Zhōngguó tōng	12	bun cunoscător la Chinei, specialist în China				